歴史文化ライブラリー
58

文学から見る「満洲」

「五族協和」の夢と現実

川村　湊

吉川弘文館

目次

「五族協和」と満洲国――プロローグ

北原白秋に『満洲地図』（一九四二年、フタバ書院成光館）という詩集がある。その表題作は、こんなものだ。

「満洲地図」

柳絮《りゅうじょ》吹きこむ窓の内、
僕らは地図をひろげてる。
僕らはさがす満洲の
地域を、五大水系を、

2

興安山脈、国境線、
渤海湾《ぼつかいわん》を、黄海を。

柳絮吹きこむ窓の内、
僕らは磁石見つめてる。

僕らは思ふ開拓を、
千古不鉞《ふえつ》の大森林。
資源の分布、交通路、
都市村落を、平原を。

柳絮吹きこむ窓の内、
僕らに五色旗ひるがへる。

僕らは思ふ、風、土俗、

蒙古《もうこ》の沙漠越えて来る
駱駝《らくだ》を、笛を、長城を、
ああ、民族の興廃を。

柳絮吹きこむ窓の内、
白昼映画見せましよか。

僕らは夢む大東亜、
満洲建国十年祭、
北方守備を、進出を、
赤色蘇領また何ぞ。

柳絮吹きこむ窓の内、
柳絮は雲のごとく舞ふ。

図1　北原白秋『満洲地図』

「僕ら」は、地図の上に「満洲国」を捜している。それは五大水系や、興安山脈や渤海湾、黄海によって近隣の諸国家や地域と隔てられている。ユーラシア大陸の東端に位置し、その上部は黒竜江《こくりゅうこう》でロシアと区切られ、ホロンバイルの草原と河でモンゴル（外蒙古）と分かれ、豆満江《とまんこう》と渤海湾で朝鮮との国境を区切られ、遼東半島と山東半島との間に黄海というくびれ目をもっている。

北原白秋の詩「満洲地図」は、満洲国建国十周年（一九四二＝康徳九）を記念して作られたもので、この国が、周囲の国、地域、そこに住む人々の土地から、あえて自らを切り離して建国したことを、無意識的に物語っている。北はロシア人や北方少数民族が住む大森林地帯、西は駱駝《らくだ》が歩む砂漠と草原にモンゴル人が行き来し、東はやはり森林と河川が連なり、そこを朝鮮人たちが田畑として切り拓《ひら》いている。南からは中国人（漢民族）が、蒲団《ふとん》や鍋釜までも担いで、苦力《クーリー》や小作農として浸透、進出してくる。それに、本来、満洲が彼らの故地である満洲人（満洲族＝女真族《じょしん》）を加えると、満洲という地域に住む主な民族は網羅される。彼らは、生きるための必然によって、本来、境界線のない地続きの土地へと水の浸み出るように進出していったのである。

ただ、「僕ら」だけが違う。日本人としての「僕ら」だけが、そうした地続きの土地に移動するという必然性もなく、磁石で方位を調べ、「地図」を見ながらそこに「僕ら」に都合のいいように国境線を引いてゆくのである。「僕ら」は、満洲という土地において、明らかに新参者《しんざんもの》であり、侵略者であり、根のない所に無理矢理に植え付けられた植民者だった。「僕ら」日本人だけが、近隣に居住していたのではない、遙か海を渡ってきた遠来の民族だったのである。

満洲国

満洲国という国があった。一九三二年（大同元＝昭和七）三月に建国宣言がなされ、一九四五年（康徳十二＝昭和二十）八月に崩壊を迎え、実質的に一三年の間しかもたなかった。満洲国を独立国として認めたのは、日本のほか、バチカン市国、サンサルバドルなどの数ヵ国にしかすぎず、国際社会には承認されることのない国家だった。元首は清朝の最後の十二代宣統帝だった愛新覚羅溥儀《あいしんかくらふぎ》で、最初は執政、三四年に皇帝となって帝政をしいたが、実質的な権力は政府を牛耳る日本人官僚と、さらにその任免権を持つ関東軍司令部にあり、日本の対満事務局を通じて日本軍の軍事・行政支配を受けていた。

中国では現在、「偽満洲国《ウエイマンチョウグオ》」と呼び、傀儡《かいらい》（＝溥儀、満人官僚）による、国家を僭称《せんしょう》する「虚偽」の国家にほかならなかったとしている。中国では日本の満洲侵略から満洲国のあった時期のことを淪陥期《りんかんき》といい、淪陥期十四年間といういい方をする。中国の見方では満洲国は、日本が中国の土地を侵略して作り上げた「傀儡国家」、「虚偽」の国家なのであり、実質的には朝鮮半島や台湾と同じように、日本の帝国主義、軍国主義による植民地と変わりなかった地域なのである。

しかし、日本の側での見方は当然のように違う。日本はそこに、二〇年間で一〇〇万戸五〇〇万人の移民を実現しようとした。武装農民、分村移民、自由移民、満蒙開拓青少年義勇軍、「大陸の花嫁」など、日本の老若男女たちは、大きな夢を抱いて、この「大陸の生命線」へと赴《おもむ》いていったのである。もちろん、それ以前から満洲の地には日本人が住んでいた。南満洲鉄道（満鉄）は、すでに一九〇六年（明治三十九）から日本最大の株式会社として鉄道経営だけではなく、撫順《ぶじゅん》炭鉱の石炭採掘、鞍山《あんざん》製鉄所での製鉄業など、鉱工業部門においても活発な企業活動を行い、資本金一六億円、関連会社五〇社、その従業員は三〇万人にも及び、多くの日本人社員、日本人関係者が満洲に移り住んでいた。これらの人々は、満洲を日本の植民地だと考えることはあまりなかった。馬賊、行商人、浮浪者、逃亡者などの形で、満洲の新天地へ向かった日本人も少なくなかった。彼らは、自分たちも満洲国の一員であり、満洲国を形成する一民族だと称していたのである。

とりわけ、満洲国という「国」で生まれ、そこで育った「満洲国民」としての日本人（実質的な二重国籍だった）にとって、「偽満洲国」といわれ、「傀儡国家」とよばれても実際に自分が生まれ、育った土地は虚偽のものでも、幻影のものではなかった。「五族協和」と「王道楽土」は、この満洲国の建国精神のスローガンであり、五族とはすなわち漢族（中国人）、日本族（日本人）、満洲族（女真族）、朝鮮族（朝鮮人）、蒙古族（モンゴル人）の「五族」であり、満洲国を構成する多数民族を五つ並べたものである。実際にはこれに白系ロシア人、エベンキ族やオロチョン族などの北方少数民族、ユーラシア大陸の西から東まで逃れてきたユダヤ人やアルメニア人などが加わっていて、多数の複合民族が住んでいたのが満洲国だった。そして、その五族を指導し、先導しなければならないのが、一等国民であり、先進民族である日本民族だったのである。

だから、北原白秋は、満洲国建国十周年を記念して、その「地図」と「民族の興廃」と「大東亜」の建設とを謳い上げ、五族のなかではもっとも新参で、土地に馴染みの薄い「僕ら」日本人の決意を示して見せなければならなかった。「五色旗」とは「五族協和」を旗印とする満洲国の国旗である。しかし、この五色（赤・青・白・黒・黄――これは東西南北の四方と中央を意味している）のなかで決して他の色と混じり合おうとはしなかった一色、それが日本民族だったのであり、特権的な立場を有していた。

満洲国政府は、立法・行政・司法・監察の四権分立の体制となっており、その名目上の長は「満洲人」（この場合は満洲国の多数民族としての漢民族〈中国人〉を意味している。以下同）を当てていたが、もっとも実質的な権力をもっていた国務院の総務長官や各部の次長クラスはすべて日本人だった。長官や部長が不在で、日本人の次長、次官が最高責任者であった例も少なくなく、地方行政についても同様だった。こうした二重、三重の権力構造のなかで、満洲国は「五族協和」の理念を高らかに謳い上げなければならなかったのである。

＊ **五族協和** 「五族協和」というスローガンは、本来、孫文《そんぶん》による中華民国の成立の際の建国理念だった。この場合の「五族」とは、漢民族、蒙古族、チベット族（西蔵）、ウイグル族、回族（イ

スラム族）を指し、多民族国家としての「中国」を表現するスローガンであり、各民族の共存共栄による「共和」制を念頭に置くものであった。満洲国の「五族協和」はこれを換骨奪胎したもので、共和制（共和国）のイメージのある「共和」を「協和」に変えたものである。

「生活記」コンクール

吾ガ国ニハ皆サンモ御承知ノ様ニ沢山ノ民族ガ協和シテ暮シテ居マス。トコロガコレラノ民族ハ言葉バカリデナク、生活（風俗、習慣、宗教）モチガツテイマスノデ、オ互ヒノ生活ヲ知リ合フコトガ容易デハアリマセン。ソレデ協和青少年団中央統監部デハ本年モ皆サンニ、皆サンノ生活ヲ綴ツテイタダキ、ソレヲ通シテオ互ヒノ生活ヲ知リ合ツテイタダクコトニ致シマシタ。

これは、第三回全国男女青少年「生活記」募集要項の趣旨として述べられている文章である。もちろん、この「全国」とは「満洲帝国」の全国であり、これは「満洲帝国協和青少年団中央統監部」が主催したもので、関東軍司令部報道部と国務院総務庁弘報処が賛助していた「生活記」という名の作文コンクールの募集要項なのだ。「協和会」（協和青少年団はその青少年組織）というのは政党のなかった満洲国における「大政翼賛会」的な組織であり、満洲国政府のいわば陰の存在であり、黒幕的な役割を果たしていた団体だった。

「皆サンノ日頃ノ生活ノ中デ特ニ心ニ深クヒビイタ事柄ヲ正直ニ、明ラカニ綴リ、余リムヅカシスギル言葉ヲ使ツタリ、理屈バカリヲ並ベルコトハサケテ下サイ」と、応募に際しての注意書きがあるが、面白いのは、使用語が日語（日本語）、満語（満洲語、しかしいわゆる満洲族の言語ではなく、漢民族の使う漢語、すなわち中国語）、蒙語（蒙古語）、露語（ロシア語、中国では俄語）の四つの言語であり、それぞれの言葉に審査員がいて、各言語別の審査、入選、表彰であるということだ（日文部門の審査員には、川端康成、望月百合子、山田清三郎などの知名の文学者も入っていた）。この募集の文章も、それぞれ日本語、中国語、モンゴル語、ロシア語で書かれて、満洲国の「全国」に配布されたのだろう。締め切りを康徳十年（昭和十八＝一九四三）六月三十日までとし、入選発表は康徳十年十月三十日に新聞、ラジオで発表するとしている。歴史の浅い満洲国としては、官民（政府、協和会、新聞、ラジオ）あげての取り組みといえるだろう。

ところで、満洲国は「五族協和」をスローガンとしていたが、この「五つの民族」のなかで、朝鮮族の使う朝鮮語が「生活記」コンクールの使用語として指定されてない。これは当時、朝鮮半島は日本の植民地支配下にあり、朝鮮人は日本人であり、「日本語」を使うことが奨励（強制）されていたからだろう。満洲国の「国語」は、日本語と満語（漢語＝中国語）と蒙古語であり、白系ロシア人に対してはロシア語の使用も認めていた。朝鮮人（朝鮮語）は日本人（日本語）のなかに含まれている（解消される）と考えられていたのである。

作文のなかの「満州」

満洲国では、子供たちの作文集が全国的規模でよく編まれた。尾崎秀樹《ほつき》の「児童の眼に映った『満州』像」（『展望』一九七七年三〜四月号）によれば、一九三七年に奉天（現・瀋陽）にあった高千穂尋常小学校編で『満州事変児童文集』（一二三編）が出されたのを嚆矢《こうし》として、日本の紀元二千六百年（昭和十五＝一九四〇）を記念して在満教育会が『全満児童文集』全三巻（六〇〇編）を編んだのを頂点に、新居格《にいいたる》編の『支那在留日本人小学生　綴方現地報告』（一九三九年、第一書房）の「満洲編」（八一編）などが出版された。それ以外にも、石森延男を中心として大連で『帆』のような作文雑誌が出されたりして、満洲はいわば日本の綴り方、作文教育の一方のメッカのような役

図2　新居格編『支那在留日本人小学生　綴方現地報告』

割を一九三〇年代の終わりから四〇年代の初めにかけて果たしていたといえる。そうした作文ブームを満洲国において集大成したのが、一九四一年から始められた全国男女青少年「生活記」募集であり、第二回には総数八〇〇〇編、第三回には七〇〇〇編の応募があった（第一回の応募総数は不詳）。

私の手許にある、この第三回の「生活記」は、日本語で書かれたもので、しかもその一部だけを謄写版で印刷したものだ。入選名簿には五〇人の作者による五〇編の作文の題名があり、そこには明らかに朝鮮人であると見られる「姜毓筠」「朴汀洙」という二人の名前があるが、作品は収録されていない。協和会青少年部第一指導班員である大村次信という人の書いた「まへがき」には、この冊子には「入選作一〇〇編」から「一六編」を抄録したとあるが、その基準は明らかにされておらず、日文以外の満文、蒙文、露文の入選作は謄写版とはいえ印刷に付されることはなかったようだ。

というのも、「入選作一〇〇編」には日文以外のものも含めての数字だからだ。日文作品だけでも応募数二五〇〇編の中の入選五〇編、そのうち謄写印刷されたのが一六編だから数としてもとても少なく、そもそも「オ互ヒノ生活ヲ知リ合」うためには、それらを民族の使う各言語に翻訳し、互いに読み合えるようにしなければ「言葉、風俗、習慣、宗教」の違う各民族の「生活」を本当に「知り合フコト」はできないだろう。一六編の「日文」の作文を、満洲国で「日本語」の教育を受けていた満洲人や蒙古人やロシア人の子供たちは、はたしてどれほど読むことができただろうか。たとえば、旅順市外田家屯番外ノ三に住む坂和子（満二十歳）は、発疹チフスにかかった満人の女性を、近所の日本人たちの手で病院に運び入れたことについて、こんな文章を綴っている。

モンペをはいて手拭をかぶった母が要領を得ない満洲語で釜に湯を沸かして衣服を入れよ、と言ったところで苦力達が、それは何の為か合点の行く道理がなかった。明かな敵意を含んで彼は反抗的な態度を示しはじめた。

しかし私達には理由を話してやるだけの語学の智識がない、子供から母親を引離したことと母を病院に入れたこと（満人は病院に対して誤った観念を有ってゐる）を彼等は極度に憤慨するのだった。事の成行が当然感謝せらるべきであるのに不可解の状態におかれるに至った時私は思った。私達個人の後には公明正大なる祖国日本がある。日本人の誰かゞ泥棒或ひは詐欺、さま〴〵な悪事をはたらく時、大日本の威信は害《そこな》はれるのだ。私達個は国家との大きなつながりを持ってゐる。私の行為が彼等に対して悪感情を考へた時それは私自身のみへではなくて、大日本に向っての拡大された悪感情となるのだ。

この文章は「誤解」と題されている。日本人との満洲人との間に生じた誤解、それは言葉が通じないこともあるし、風俗、習慣、衛生常識についての差違によるものでもあるだろう。だが、この満二十歳の女性は相手の「生活」を「知り合フコト」よりも、日本の、日本人の「公明正大」や「威信」を害われまいとしているのであり、「私達個人」の背景としての「大日本」を持ち出さずにはいられないのである。遅れた満人たちを指導し、啓蒙する「日本人」。「五族協和」とは、決して対等な関係にある五族間の協和ということではなく、指導民族としての日本民族の下で、他の四つの民族が平等に共存共栄するという意味なのであり、日本人の善意や社会正義や合理性は、しばしば他の民族にとって強圧的で強引な押し付けや無理解、横槍やお節介としか映らなかったのである。

それは、感動的ともいえる次のような作文の場合も、本質的には変わらないと思われるのである。

「老　郭」

「老郭《ロウコウ》」、ほんとの名前は、郭といふのですが、老人なので、老といふ字をつけて老郭と、呼んでゐた。私の家に忠実に働いてくれた一満人の話です。

老郭は、私の生れてゐない頃から、ゐたのです。彼は、父につかへるころには、もう、四十才をすぎてゐたさうです。

彼はある馬賊の中で忠実に働いてゐました。父が、まだ一人でゐたころ、その馬賊の所へたづねていつた時、賊の一人である老郭が眼をわずらつて困つてゐたのを、父がもつて居た薬をあたへた。するとそれが、よくきいて、直つたので、馬賊の頭は、喜んで、お礼にこの老郭をあなたに差上ます。といふことで、父とそれからの生活が、はじまつたのです。

老郭は、妻もない、子もない、まつたくの一人であつたので、どこにいくにも父のあとについて、大変忠実に働いたとの事。

母が来てからも、大変よく働いてくれて、家の仕事や、お買物など、忠実にしてくれたそうです。又父が、旅行にいつて帰つて来る時は、いつも、どんな吹雪でも、一日に、二度も、三度も、遠い駅にいつて雪の中を、おむかへにいつたさうです。

それから、私たちが、生れてからは、私たちのよい子守となつて、満洲の子守歌を、しやがれた声で、歌つてくれたりして、守を、してくれたことは、今でも、うろおぼへに、おぼえてゐます。又弟が、生れた時は、初めての男の子だと、いつて自分の事のように喜んでゐたさうです。

又妹が三つのある日老郭が外に子守につれてゐつて、道路に売つてゐるマントをたべさせて家にかへつてきた時、妹は母と、老郭の顔を、見ながら、「ロウコ、マント、ロウコ、マント」。といつたので、母が、「老郭は、困つたやうなへんな顔をして、「アイヤ〳〵」といつて笑つてゐたさうです。

満洲事変の時は、私たちが、新京から京城に移つた時も、老郭は、満洲人なので、たつた一人で、私たちの家を、まもつていたさうです。

このやうに、十何年間も、長い間家にいて忠実に働いてくれた、老郭も、年をとつたので自分の故郷をたづねて、一人で旅立つていきました。

帰る時、何べんも、父母に、「またきつと〳〵くるから。」と涙を流して別れたまゝ、老郭は、字が書けないため、あの時のまゝ、いくらまつても、かへつてきません。

父母も時々、「老郭はどうしてゐるかね――」「かはいさうに、身寄もないのに。」「もう死んだかもしれぬ。」と昔老郭と一緒に、うつした、写真を見て、昔話をします。

今はもう老郭が去つて十年近いのですが、年とつた満人を見ると、あの人のよさそうな、老郭を想ひ出します。

終

吉林《きつりん》高等女学校の第二学年、中村夫美という女学生（当時十四歳）の「老郭」という作文である。家で下男、子守として雇われていた「満人」の思い出を綴ったこの作文は、日本人家族と「満人」の老人との心暖まる交流を描いたものと、ひとまずはいえるかもしれない。しかし、この日本人と「満人」との関係は、決して対等でもなければ、「協和」的なものでもなく、まさに支配と被支配の関係にあるといっても過言ではない。「お礼にこの老郭をあなたに差上ますす」という馬賊の頭《かしら》の言葉。繰り返される「忠実」という言葉。吹雪の中を遠い駅まで「ご主人様」を迎えに行く、その「忠犬」のような忠誠ぶり。これらの言葉やエピソードは、満洲国での「五族協和」という精神が、実際にはどんなものとして実現されていたかを証明しているものといえよう。つまり、どんなにこの作文の女学生が「満人」の「老郭」を懐かしく、親しみを持って思い出そうとも、それは支配階級としての日本人、そしてその下で「忠実」をモットーに働く「満人」という民族差別的な主従関係という構図を打ち壊すものとはならないのである。

　この「老郭」という作文が読者に与える「感動」の質は、アメリカの黒人奴隷解放を準備したといわれるストー夫人の『アンクル・トムズ・ケビン』の「感動」の質と酷似している。つまり、それはきわめて人道主義的に「老郭」あるいは「アンクル・トム」（この「老」と「アンクル」という形容詞の同質性に注意せざるをえない）を追憶しているのだが、しかし、それはあくまでも相手を、まるで「奴隷」か「家畜」かでもあるような位置においたうえでの親しみや懐かしみ、同情や共感にほかならないのである。このように作文を「満人」の子供たちが読んだらどう思うだろうか。日本人の「生活」をよく理解することができるだろうか。むしろ、そこにあるのは、日本人と満洲人との間にある、階級的な距離、身分的な乖離《かいり》というべきものなのである。

「五族協和」という理念と、満洲国におけるその実態との懸隔。私たちが「文学」という窓を通して眺めてみようとするのは、その理念と実態、夢と現実、光と影の交錯するその両面である。満洲国は、日本人が近代の歴史において、多民族、複数民族の国家を建設しようとした、ほぼ唯一の実験例である。その試み自体は、無惨な失敗に終わったといわざるをえないのだが、「民族国家」や「国民国家」の枠組みを越えて、「理念国家」の創成を目指した希有な実践という側面があったこともまた否定できない。私たちは、まず「満洲国」をテーマとした児童文学（少年文学）を対象に、「五族協和」というイデオロギーをもっとも理想的なものとして展開させた作品を取り上げることによって、その理念と現実を再検討することにしよう。

少年少女たちの満洲

『ほろびた国の旅』

三木　卓

まず、満洲国の「少国民」だった文学者に登場してもらおう。作家で詩人（そして童話作家、児童文学者でもある）の三木卓《たく》（本名・冨田三樹）は、一九三五年（昭和十）東京の淀橋で生まれた。二歳の時に、父親の仕事のために一家は満洲に移住、大連、奉天、新京に移転し、小学校を二回、転校する。十一歳の時に敗戦に出会い、四六年に父と祖母を失い、日本に引き揚げてきた。冨田三樹少年の父親・森武夫（筆名・森竹夫）は満洲に渡り、満鉄社員会に勤務していたが、後に満洲日報社の記者となった。敗戦後は、新京日僑善後連絡処で北満難民救済事業に従事していたが、発疹チフスに罹り、四十二歳で死亡した。若い時からアナーキスト系詩人として活動し、死後に次男の三木卓が遺稿詩集『保護職工』（一九六四年、風媒社）を編んだ（参照・宮下拓三『三木卓の文学世界』一九九五年、武蔵野書房）。

三木卓には、満洲国の少年時代を回想した多くの作品があるが、代表的なものとしては芥川賞を受賞した「鶸《ひわ》」の収録された連作『砲撃のあとで』や『われらアジアの子』などの作品集や、『ほろびた国の旅』（一九七三年、盛光社）のような少年小説の作品がある。いずれも、少年の目によって満洲国とその崩壊の有様を目撃したものであり、敗戦時に十歳だった日本人少年の体験として貴重な報告となっている。もちろん、それらの作品は小説、童話というフィクションであり、現実の体験報告そのものではない。だが、虚構という形でしか書かれえない体験というものがあり、また十歳の少年の個人的な「体験」の幅だけでは、満洲国という壮大な歴史的虚構を部分的に

図3　三木卓『ほろびた国の旅』

もとらえることは難しいと考える。『ほろびた国の旅』という作品の中で、主人公の〈ぼく〉を大学受験に失敗した十九歳の青年として設定しているのも、一九四五年当時の十歳という年齢では満洲国崩壊の目撃の語り手として、あまりにも幼すぎると作者が考えたからだろう。

『ほろびた国の旅』は、十九歳の青年がタイム・スリップして、昭和十八年（一九四三）の満洲国の大連に時間を溯って旅をするという設定である。〈ぼく〉すなわち三木卓は、「奉天」に住んでいた時の知り合い、印刷工場で働いていた山形さんと図書館で出会い、彼の持っていた「満鉄マーク」のついた切符を争い、〈ぼく〉に向かって突進してきた山形さんといっしょに、書棚の背後に開いた暗闇の中へ転げ落ちていってしまったのである。気が付いて目を覚ましたところが、満洲国の大連のはずれのアスファルト舗装の路上だった。二人は市内へと行き、電気遊園地で開かれている〈満州のこども　五族協和の夕べ〉に入場するのだった。

そこはこのパーティーの主会場のようでした。むせかえるような花のかおりは、一面に咲きそろった蘭の花壇です。

その広場はこどもたちでいっぱいでした！

いろとりどりの服の男の子と女の子の大群衆です。満州人、中国人、蒙古人、朝鮮人、白系のロシア人、そして日本人……。みんながとても楽しそうに、いろいろな遊びをもちよって、遊びまわっているのでした。

満洲国の役人や大人たちが主催した〈満州のこども　五族協和の夕べ〉は、満洲国に住む「五族」の子供たちを集めて開催された、児童版の大東亜共栄圏の慶祝イベントということになるだろう。一見、仲良く、和気藹々《わきあいあい》と遊んでいるような五族の子供たちも、よく見るとそこには「五族協和」というスローガンとは背馳《はいち》するような現実が見えてくる。そうした過去の満洲国の時代へとタイム・トラベルをすることになった〈ぼく〉は、昔、仲の良かったイギリス人の父と日本人の母との間に生まれた安治（アンディの日本式名前）を周りの少年たちのイジメからかばったことから、スパイと疑われて憲兵たちに追われることになる。逃げながら〈ぼく〉は安治にこんなことをいう。

「〈五族協和〉なんていっているけど、中国人も、満州人も、朝鮮人、蒙古人も、みんな日本人よりも低く見られているじゃないか。そして、チャンコロだとか、ザンだとかソツだとか、とてもけいべつしたようないいかたをされたり、いじめられたりするでしょう。ところがね、ここはね、そもそも日本人の住んでいたところじゃないんだ。支那人や満州人たちのものなんだ。いっしょに仲良くやるのなら、ぼくも賛成だよ。そんなにいいことはないよ。だけど、いま、この国は、そうじゃないんだ」。

〈ぼく〉は、安治を家まで送り届けた後、元の自分の家へ行き、十歳の自分が病気で寝床に寝て、母親と話をする場面を家の外からこっそりと窺う。そして、昔の自分が聖戦や皇国を信じていた日本人の「少国民」だったことを思い出さずにはいられなかったのである。〈ぼく〉は自分の家を離れ、停車中の満鉄自慢の特急「あじあ号」に乗り込み、眠ってしまう。起きてみると「あじあ号」は、大連からハルピンまでの〈満洲鉄道の旅〉を開始していたのである。

幻想と現実とノスタルジー

宮澤賢治の『銀河鉄道の夜』の影響を受けたと思われる三木卓のこの長篇少年小説は、満洲国と「五族協和」の理念を信じ込んでいた過去の少国民としての自分、そしてまだ壮年の新聞記者だった父親と出会い、そうした夢と理念をもう一度再検討しようという意図と、死者や過去に出会った人々との再会や再逢を願うノスタルジックな感情とが綯《な》い交《ま》ぜとなっている。もちろん、ノスタルジックな思いだけで、満洲国の〈満州のこども　五族協和の夕べ〉へと溯ってゆく時間旅行が可能だったわけではない。満洲国という幻想の国家が実際にはどんな国家であり、それが日本や中国、東アジアの近代史のなかでどのような過程で生み出され、どのような過程で滅んでいったかを歴史として確認しなければ、作者はこの作品を書くことができなかった。この作品が一九六五年に書き始められ、いったん中絶してさらに四年後に書き継がれ、出版されたというのも(『ほろびた国の旅』付載の作者の自筆年譜による)、たぶん作者の中で満洲国の評価と、そこでの自分の幼少年時代の記憶とがうまく折り合いがつかなかったからであり、そうした満洲国で生きていた自分や父親や母親とのことを客観的に見ることができるようになって初めてこの作品を完成させることができたのだろう。

満州国はほろびます。それも、もうじきです。こんな国は、さっさとほろびるべきです。しかし、ここに生きて暮らしている民衆がほろびては困ります。民衆はだれひとり、これ以上不幸になってはなりません。みんな、もっともっとしあわせになれるようにしてこそ意味があるのです。……そこで聞いてほしいのです。ぼくは思います。いままでいろいろな時代を生きてきて、人間のものの考え方にはいろいろなものがあることを知っているおとなの人は、それなりにしあわせだと思います。いろいろなことの判断がつくと思います。でも、こどもは！　こどもはどうでしょう！

〈ぼく〉と父親との対話の中で、〈ぼく〉はこんなことをいう。この後、三年足らずの間に父親は、崩壊した満洲国で難民救済事業に従事しながら病気となり、死んでしまうことを〈ぼく〉は知っている。父親が子どもたちなど家族のために満洲国に渡り、そこで「王道楽土」「五族協和」という建て前の言葉を新聞記者として書き散らさねばならなかったことも。そうした父親に連れられてきた植民者としての〈ぼく〉の「生まれ故郷」に対する郷愁を殺す意味でも「満州国はほろびます」といわざるをえなかったのである。満洲国再訪の旅で〈ぼく〉は、イギリス人との混血児の安治、満洲人の小学生の楊、朝鮮人の高という兄と妹、卵売りにいって泥棒と間違われ日本人憲兵に追われた満洲人の少年などと出会う。それはまさに〈ぼく〉にとっての〈満州国のこども　五族協和の夕べ〉の記念の旅にほかならない。そして、その旅は、昭和二十年（一九四五）八月の、北東満洲の森の中で、あちこちの木の根元にすわりこんで死んでいる日本人のこどもたちに出会うことで終わるのである。

＊　**三木卓**（詩人、小説家、児童文学者）一九三五〜。東京で生まれ、満洲（現中国東北部）で育つ。早大卒業後、編集者として働きながら詩人としてデビューし、第一詩集『東京午前三時』でH氏賞を受ける。児童文学にも手を染め、『星のカンタータ』『ほろびた国の旅』などの作品がある。一九七二年に短編「鶸」で芥川賞を受けてからは、小説分野にその仕事の中心を移した。『砲撃のあと

で』『われらアジアの子』などの短編集でその満洲体験を描いた。他に『震える舌』『野いばらの衣』『野鹿の渡る橋』などの小説作品がある。

理念としての「五族協和」

フィクションの「五族協和」

子供たちの「五族協和」は、日本人、中国人、満洲人、朝鮮人、蒙古人、白系ロシア人の子供たちの、そうした無数の「死」によって完結した。『ほろびた国の旅』は、満洲国崩壊から関東軍の遁走《とんそう》、ソ連軍の侵攻、日本人開拓村への襲撃と逃避行、収容所の困難な生活と引き揚げという、満洲国のその後の歴史的経緯を踏まえたうえでストーリーが形成されている。もちろん、そのためには前にも述べたように日本の敗戦後、満洲国の崩壊後の戦後の時間が必要だった。いわば、歴史的な決着、結論が必要だったのであり、「五族協和」というスローガンが虚構であり、現実の民族差別の構造を隠蔽するためのイデオロギーだったことが明らかとなった時点において、初めて〈ぼく〉は過去の満洲国と向き合うことができるようになったのである。そうした意味では、この作品は「五族協和」が語られ、「王道楽土」が語られた当時の満洲国の子供たちのリアルタイムな感覚を描いたものではない。

それはたとえば、赤木由子《よしこ》の『柳のわたとぶ国』（一九六六年、理論社。後『二つの国の物語』第一部として再刊される）にもいえることかもしれない。この作品は、やはり満洲国に暮らした日本人少女のヨリ子（小学一年生の時に満洲に渡ってきて、作品内では五年生になる）の植民地体験を物語として語っているものだが、その明るく、誰にでも親切であり性格的にもしっかりとした日本人少女を主人公とした満洲国の物語は、その傀儡《かいらい》国家としての満洲国の現実を描くというよりは、希望的、願望的な物語的世界といわざるをえない。そこには中国共産党のパルチザン・ゲリラに協力する日本人（ヨリ子の兄の医者）が出てきたり、抗日匪賊《ひぞく》のところにヨリ子自身が秘密の伝令として使いにゆくという話が出てくる。満洲国側、植民地満洲を支配する宗主国としての日本側からの「五族協和」ではなく、抗日のパルチザン側、解放勢力としての中国共産党側から見た理想――民族の自決、そして民族間の協力、連帯という「五族協和」の理念がここでは描かれているのだが、もちろんそれは、歴史的な現実体験というよりは、理想的、理念的な日中両国の人民同士の連帯であり協力にほかならない。つまり、戦後の世界が生み出したフィクションとしての「五族協和」の理念であって、決して「現実」の満洲国にあったことではないのである。

ヨリ子のように、アルザやロンニなどの貧しい満洲人に対しても民族差別の心のない日本人少女がいてほしかったという作者や読者たちの願望はあっても、実際に満洲国にいた日本人の少年少女は、ほとんどが大人たちと同じように日本人を最上層とする民族的ヒエラルキーに乗っかったままで「五族協和」の旗を振っていたという歴史的現実を見逃すわけにはゆかない。それは「はじめに」で触れたような満洲国の日本人の子供たちの作文などを見ても明らかである。

そのような満洲国の建国の理念としての「五族協和」のリアルな感覚を描いたものとしては、戦後のものではなく、戦前・戦中の作品を見なければならない。

『咲きだす少年群』

理念としての「五族協和」は、満洲国時代の子供たちへ向けての文学のなかによく見られる。石森延男の『咲きだす少年群』（一九三九年、新潮社）は、そのなかでも特に「五族協和」というスローガンを意識した代表的な作品といえるだろう（これ以外には長谷健の『開拓村の子供』〈一九四一年、四海書房〉などがある）。これは『満洲日日新聞』の夕刊に「もんくーふおん（蒙古風）」という題名で連載されたもので、新潮社から単行本として出され、新潮少年文学賞を受けた（戦後、『石森延男児童文学全集』に収録される時には再び『モンクーフォン』に改題された）。主人公はハルピンの小学校に通う小田洋《ひろし》という日本人少年であり、同じ教室で机を並べる同級生に、父親が蒙疆《もうきょう》政府の役人をしている蒙古人のチャクト君、白系露人のユリヒー君がいる。近所に「満人」小学校に通っている志泰君と桂英さんという「満人」の貧しい兄妹がいて、洋はその「満人」兄妹と、互いの放課後にいっしょに遊ぶなど親しくしている。朝鮮族と満洲族はいないが、そのかわりに白系ロシア人が入って、日・満（漢）・蒙・露といった「五族協和」の図柄ができあがっているのである。

図4　石森延男『咲きだす少年群』

この少年向け文学作品は、洋という小学生を中心に、その日本人の友達の真ちゃん、洋の姉の麻子、その婚約者（夫）の啓二といった日本人と、貧しい母子家庭の志泰君と桂英さんという満人との交流を縦糸にして物語ったもので、横糸としてユリヒー君の家族の話や、チャクト君の転校、南先生という洋のクラスの担任の先生の話が織り込まれている。必ずしも「児童文学」といえないのは、麻子と啓二などの「大人」の話も、洋などの少年たちの物語と遜色《そんしょく》のない程度に書き込まれているからだ。しかし、ストーリーの展開はやはり少年版の「五族協和」のテーマに沿ったものであり、たとえばそれは、こんな場面のなかで書き込まれている。

「いや、啓二君のいふとほりだ。満洲の苦力《クーリー》なんかもすばらしい力持だよ。あの豆粕板ね、あれを八枚から十枚を一人で背負ふのがゐるんだからな。一枚たしか、七貫っていつてゐたよ。」

「とにかく、満洲や支那で育つていかうとする日本の子どもたちは、これから、ほんたうに、体を作らねばなりませんね。その点ロシヤ人の子どもは、生活が非常に規則的に訓練されてゐるし、真冬なんかも、必ず外を散歩させられて鍛へられてゐるし、支那人満人は、昔からの伝統で体力ができてゐるし、負けないやうにしないとね。洋君、君らのクラスのユリヒー君なんか、どうだ、できるかい?」

「よくできるよ、体も立派なんだ。」

「満人はゐるかい?」

「いゝや。」

「日本の子どもが、これからどのやうにして、大陸で育つかが、大切なことだね。国土は日本でないが、日本の心、日本人としての性格を持たせようとするんですから な、お父さん？」


日本人以外の「四族」について、認めるのは体力だけか、という疑問点はあるが、こうした『咲きだす少年群』の場面が、満洲国を構成する複数の民族が、そのお互いの民族の良さを認め合い、切磋琢磨《せっさたくま》してゆこうという建設的な意見であるととらえることができる。しかし、この作品は全体としては、そうした人道主義的な、複数民族の共存共栄を求める言葉に満ちているが、そうした観念的な「五族協和」的な民族的な平等には、限界が存在していることもまた確かなのである。

建て前と本音の乖離

麻子と啓二とが会話している場面では、啓二は麻子にこういう。

「ぢや、大丈夫なんだ。さつき、みんな話してゐたぢやないか。日本語を上手に、正しくつかへるといふことが、大陸に住む日本人の第一の心がけだと思ふんだ。そして、もう一つ、その言葉をつかふときは、きつと相手の異国人をかはいがらなくちやいけないことだ。支那人が、あんなに間違つた民族に陥つてしまつたことは、諸外国から、叩きのめされてしまつたから、いはゞひねくれてしまつたんだ。子供のひねくれるのなら、まだ直しやうもあるが、あの古い老大国が、いぢけてしまつたんだから、始末がわるい。これを、もとどほり、至純なすなほな民族性にとりもどすのは、一体、誰がやる。誰がやるのです。世界中の誰が一体やるのです。日本人より他に誰もゐないぢやないか。」

一級、一等の国である日本が遅れた、あるいは「ひねくれ」「いぢけた」中国を、もとどおりの「至純」で「すなほ」な民族の国に「直」さなければならない。「暴戻《ぼうれい》の支那を膺懲《ようちよう》」しなければならないとは、こうしたアジアの指導者としての懲罰的な「教育効果」を発揮することであり、そのためにも一等国の日本の「国語」である「日本語」を、彼らに教えなければならなかったのである。啓二はさらにいう。「ほんたうの愛情は、しばしば烈しい体罰を加へることがある。母が子を叩く。子は火のついたやうに泣く、泣いても叩く。(中略)今、支那人を何百人、何千人と失つて行かねばならぬのは、その大きな日本国愛情の発現に他ならないのだ」と。

もちろん、この植民地・大連での情熱的な作文教師(石森延男)に、そんな「日本国愛情」はまっぴらであり、どうか別のところにその「愛情」を振り向けてほしいとチャチャを入れることはできない。彼はすっかり日本人が領導する「五族協和」の夢に酔いしれているのであり、そのヒューマニズムの正道性を疑うことはありえないからである。

日本人が「五族」の中で指導的な役割をはたさなければならないということは、長谷健の『開拓村の子供』(『少年小説大系10・戦時下少年小説集』一九〇〇年、三一書房)でも強調されている。満洲の開拓村の学校に転校してきた順二は、受け持ちの柴田先生にこういわれる。「日本人を満洲人が尊敬するようなことをやらねばいけない。それには、われわれの開拓村を、満洲人たちがうらやむような立派なものにすることだ。いいかえるとだな、これから大きくなっていく満洲人の子供たちの魂をつかむことが先の先の問題だよ」と。だが、「日満親善」のために順二たちが計画した相撲の日満対抗試合では、順二が相手の満洲人の生徒にわざと怪我をさせたかのように満洲人の村では伝わっていたのである。日本人と満洲人との「魂」の乖離は容易に埋めることはできないのだ。

差別的な視線

『咲きだす少年群』のなかで、洋は悪人の「王」にだまされて「サーカス」にでも売られようとする志泰・桂英兄妹を助けるのだが、兄妹が家をふらふらと出ていってしまった後を追い、「満人街」の露天市場へと彼らを捜しに行く場面がある。

露天市場は、油の匂ひで、鉄錆《てつさび》の匂ひで、生ぐさい。それから泥の匂ひも、生薬の匂ひも、ぼろ布の匂ひも、みんな雨を吸ひこんで、むつとしてゐる。

天幕の中に、アセチレン瓦斯《ガス》が光つてゐて、まはりはたくさんの人だかりだ。支那手品だ。支那の男の子が、さか立ちをして、口に茶碗をくはへたところだ。上衣が、ひきつられて、素肌のまゝのお腹が、まるくふくれてあらはれた。

石森延男の描く少年たちの「五族協和」の理念は、こうした「満人街」への差別的な視線によって根底的に裏切られている。しかし、そのことに作者はあまり気づいているとは思われない。志泰・桂英兄妹と「王」と「支那の男の子」とは同胞なのだが、志泰兄妹には同情的な洋も、「生ぐさい」「むつとしてゐる」「満人」たちの生活する街については、嫌悪の感情を隠すことができないのである。そこには理性ではとらえきれない生理的、感情的な民族差別がある。洋たちがいかに「五族協和」を自分たちの生活環境において実現しようとしても、日本人としての民族的な体質そのものがそれを拒むのである。

それはおそらく満洲国の日本人に共通する建て前と本音の乖離だったといえよう。すなわち「五族協和」という理念を信じ込もうとすることと、現実の生活レベルでの「五族」の協和（混住）は御免蒙《ごめんこうむ》りたいこととは一人の日本人の中で同居しているものであり、そうした矛盾は満洲国の成立の最初から、その崩壊で終わる最期まで解かれることなく続いていたのである。あるいはそれは、理性的な理解と感情的、感覚的なものとのずれといえるかもしれない。三木卓の『ほろびた国の旅』の〈ぼく〉も、満洲国の小学生の時には、こんな悪夢を見るのである。

そしてねむったら追いかけられたんだ。ひげをいっぱいはやして、にんにくくさくて、まっかな目をした満人がね、むちみたいなものを持って、ぼくを打とうとしておっかけてくるんだ。（中略）ああって声出したけど、声が出ないし、うしろを見ると、むちをふりかざした満人が、とてもたくさん、ずらっとならんで、ぼくをおっかけてくる。そしてぼくは、黄いろい水のなかにずぶずぶ、ずぶずぶ……くるしくってもがいたよ。

形をなさない満洲人たちの悪意に敏感に反応して、日本人の少年はこんな夢魔に襲われる。そしてその夢魔の正体が「まっかな目をした満人」であるというより、彼らの土地に土足で入り込んだ日本人たちの集合的な怯《おび》えであることに少年が気がつくには、敗戦、引き揚げ、戦後の困難という体験が必要だったのであり、その時に彼はその「ほろびた国」への再訪を果たすことができたのである。少年だった自分との出会い、若かった生きていた父親との対話。『咲き出す少年群』と『ほろびた国の旅』との差違は、「五族協和」という理念の作品化と、その理念の崩壊についての作品化という違いだったのであり、その理念の肉化に対しての誠実さの格差だったといえるのである。

＊**石森延男**（児童文学者、国語教育学者）一八九七〜一九八七。国語教育学者。満洲で補充国語読本の編纂や、作文雑誌の編集に従事した。戦後にかけては国定国語教科書を編纂した。『綴方への道』や『綴方教育列島』などの著作は作文教育について大きな影響を与えた。児童文学者としても活躍し、アイヌの少年少女の物語『コタンの口笛』はその代表作。戦前に満洲国を舞台に書かれた作品には『咲き出す少年群』のほかに『日本に来て』（一九四一年、新潮社。後に『スンガリーの朝』と改題）などがある。

日本人たちの満洲文学

『満洲浪曼』と『作文』

満洲浪曼派

木山捷平

一九四四年（昭和十九）十二月下旬、満四十歳の小説家の木山捷平《しょうへい》は、妻と息子を東京に残して、単身満洲へ赴任した。満洲農地開発公社嘱託という身分である。若い頃の尋常小学校の教員はともかく、小説家となってからはサラリーマン生活とはまったく縁のなかった木山捷平が、玄界灘を渡り、満洲鉄道に運ばれて満洲国の首都新京にまでわざわざ会社嘱託となって赴いたのは、その後のソ連軍の侵攻、日本の敗戦、満洲国の崩壊、苦難の引き揚げといった凄惨な「運命」を考えたらまことに「ドジ」なことであったといわざるをえない。彼は新京で現地徴兵にあい、ソ連軍の戦車がきたら、火炎ビンを投げて敵の戦車を擱座《かくざ》させるという訓練を受けることになる。老兵といえども、帝国臣民は、喜んで国のために命を棄てる覚悟はいつでもあるということだった。

もちろん、木山捷平にそんな立派な皇国臣民としての覚悟や奉公心があったわけではなかった。「子におくる手紙」や「尋三《じんさん》の春」、「出石《いずし》」や「おじいさんの綴方《つづりかた》」などの、故郷の岡山県の田舎を舞台とした、ほのぼのとした味わいの私小説が得意だった彼が、なぜ崩壊間近の満洲へとノコノコとやってきたのかは、関係者の間でも不明であるとされている。木山捷平の評伝である『木山さん、捷平さん』（一九九六年、新潮社）を書いた岩阪恵子も、「昭和十九年も終ろうとする頃に、四十歳の木山捷平は単身でなぜ満洲へ出かけて行ったのだろうか。日本の敗戦が逃れられないものとなってきていたときに、愚行と言われても仕方のない行為をしたのはどういう了見からだったのだろう」と疑問を投げかけている。

木山夫人の木山みさをも、満洲行きの動機はほとんど語っていないのでわからないとしながらも、「満洲ではまだもの書きができる希望でもあったのか、著作集も出版できると思ったのか、原稿や切抜きなど全部持って行った」（『台所から見た文壇』一九八二年、三茶書房）という。満洲に満洲文藝春秋社ができ、永井龍男が責任者として満洲へ赴任したのも、満洲にはまだ出版のための用紙があり、もはや内地では手に入れ難い雑誌や書籍の用紙があったためとされている（日本から紙型を航空便で運び、満洲の紙を使って本を出すというのが満洲文藝春秋社の目論見だった）。木山捷平もそんな情報を聞きつけ、戦争遂行のためには不急不要な自分の作品集でも、満洲でなら出版できると考えていたのではないだろうか。

もちろん、ただそれだけではなく、満洲という新しい天地、世界においてそれまでとは違った「新しい文学」の世界を切り開こうという抱負がやはりあったのではないか。岩阪恵子は木山捷平の小説「幸福」の中に、満洲に着いてから、当時新京にいた小説家の北村謙次郎、詩人の逸見猶吉《へんみゆうきち》といっしょに『飛天』という題名の「軍部なんかの驥尾《きび》に付さない純文芸誌」の計画を立てたことについて書かれていることを指摘している。戦時下の戦意昂揚のプロパガンダ文学の創作をいやいや押し付けられていた内地の文学状況に対して、まだ満洲のほうがさまざまな点で比較的に自由であったかもしれないのだ。

「新しい文学」の希求

木山捷平を満洲農地開発公社の嘱託として招いてくれたのは、北村謙次郎だった。木山捷平と同じく『日本浪曼派』の同人だった彼は、満洲に渡って満洲映画協会（満映）に入社し、勤務のかたわら『満洲浪曼』という文芸同人誌を作り、その中心的メンバーとして活躍した。満洲国における日本人文学者の活動拠点として『満洲浪曼』は、大連の満鉄勤務者のグループが中心だった文芸同人誌『作文』と並んで二大勢力であり、川端康成の序文付きで日本の新潮社から『春聯《しゅんれん》』（一九四二年）という長篇小説を出版していた北村謙次郎は、当時の日本人による「満洲文学」の代表的選手だった。川端康成はその序文で「『日本浪曼派』の作家として知られた北村謙次郎君は数年前新京に移つて爾来《じらい》、満洲国唯一の『専門作家』と言はれてゐる。建国十年間の満洲文学のおそらく最高の収穫が北村君の『春聯』であつたことも、決して偶然ではない」と書いている。

図５　北村謙次郎『春聯』

　木山捷平がその満洲体験を描いた長篇小説『大陸の細道』（一九六二年、新潮社）では北村謙次郎は「村田」という名前で登場してくるが、木山捷平こと「木川正介」を新京駅の近くのホテルの地下酒場に誘い、夕方五時の開店を待っている逸見猶吉などといっしょに酒を飲んで気炎を上げていたわけだが、その時の話題が満洲という場所を中心として「新しい文学」を生み出そうといった「満洲文学」の旗揚げではなかったかと考えられるのである。逸見猶吉は満洲生活必需品株式会社の弘報課勤務のサラリーマンだったが、北村謙次郎の満映社員、木山捷平の農地開発公社嘱託と同じように、名目的に会社や公社に所属しているだけで、彼らの心の中は詩や小説を書きたいという「文学」への思いだけでいっぱいだった。彼らにとって満洲という場所は、まさに「文学」が生み出されるべき場所だったのである。

満洲国は北辺鎮護の国であると同時に、あらゆる物資の生産国である。こゝに在る物は木材ばかりではない。農産物、鉄、石炭、あらゆる種類の鉱産物が、大東亜圏内の期待の下に、より多く増産されなければならぬ時期に置かれてゐる。国の全神経、全能力が尽く生産一途に集中されてゐる時、満洲国に住む僕ら文学者は、何を考へ、何をすればいゝといふのであらうか。

そこで或る作家は、直ちに「生産文学」を提唱した。また日本から来た或る作家は、満洲にはこのやうに文学的素材が転がつてゐるのに、何故それに手をつけようとしないのであらう。まごまごしてゐれば、みんな日本の作家が物にしてしまふのではない

か――（中略）

　これらのことは、一応、いづれも頷けることばかりである。生産国に「生産文学」の興らぬ理由はない。満洲に作品題材がごろごろしてゐるといふのも事実で、書かうとするなら、大きな題材が山と積まれてゐるのを発見するだらう。自分のことを言ふのは気が引けるけれども、こゝ数年は長編の題材に不自由することはあるまいと思つてゐる。

　北村謙次郎が日本の文芸雑誌『文藝』一九四三年八月号に書いた「満洲文学のありかた」という文章の一部である。満洲という土地があらゆるものの豊富な土地であり、それはまた文学作品の大きな題材、素材がごろごろと転がっているという意味で「文学の宝庫」なのである。北村謙次郎は素朴にそう語っている。木山捷平や逸見猶吉が、こうした北村謙次郎と同じような「満洲文学」についての考え方を持っていたとはちょっと思えないが、こうした北村謙次郎のいかにもロマン派的な大風呂敷（「こゝ数年は長編の題材に不自由することはあるまい」といった）に彼らがある程度感化されていたといっても大きな間違いとはいえないように思う。

　逸見猶吉は、北方性（極北性）に根ざした硬質で、玲瓏《れいろう》な質を持った言語で詩を書いていたし、木山捷平もそれまでの自分の作品をいったん中締めをすることによって、新しい土地で新しい「生産物」を生み出すことができるのではないかと期待していたのではないか。そういう文学的な期待が何もなしに、断末魔の呻《うめ》きを上げるのにもはや間もない満洲国へ彼が渡ってゆくというのは考えられない。北村謙次郎がいう「生産文学＝満洲文学」ということにならないだろうが、木山捷平にも彼なりの「満洲文学」というイデーがあったのではないかと思われるのである。

＊**木山捷平**（詩人、小説家）一九〇四〜六八。岡山県で生まれる。姫路師範学校に学び、出石小学校に勤務するが、文学者たらんとして上京し、同人誌『海豹』『青い花』『日本浪曼派』などに参加する。一九四四年、渡満し、現地で応召され、苦難の末、四六年に帰国する。それら満洲での体験は『大陸の細道』『長春五馬路』の二つの長篇小説としてまとめられている。『木山捷平全集』（全八巻・講談社）がある。

＊**北村謙次郎**（小説家、評論家）一九〇四〜八二。東京生まれ。青山学院、国学院大学に学ぶ。『日本浪曼派』同人となり、一九三七年に渡満。『満洲浪曼』の中心メンバーとなる。満洲関係の著書として小説『春聯』があるほか、回想記『北辺慕情記』（一九六〇年、大学書房）がある。四七年に帰国。戦後の著書としては『あららぎ物語―詩歌に生きた人々―』（一九六六年、冬樹社）、『長崎の茂吉―あららぎ物語―』（一九七二年、皆美社）がある。

『満洲浪曼』の作家たち

『満洲浪曼』　『満洲浪曼』は満映の社員だった北村謙次郎と、満洲国政府の弘報処の役人をしていた木崎龍（本名・仲賢礼《なかけんれい》）とが相談して一九三八年（康徳五）十月に創刊された。満日文化協会の杉村勇造などの協力もあった。同人は北村謙次郎、木崎龍のほか、緑川貢、逸見猶吉、横田文子、大内隆雄、長谷川濬《しゅん》などがいて、第三輯までに吉野治夫、下島甚三、福家富士夫、今村栄治《えいじ》、矢原礼三郎、坂井艶司《つやし》、長谷川四郎、町原幸二、坪井与《あたう》、牛島春子、竹内正一、青木黎吉、今井一郎、岡田寿之、北尾陽三、藤原定《さだむ》などが執筆した。また田兵、袁犀《えんさい》、用韋《ようい》、古丁《こてい》、ニコライ・バイコフなどの「満人」や「白系露人」の作家の作品が翻訳掲載された（尾崎秀樹「『満洲国』における文学の

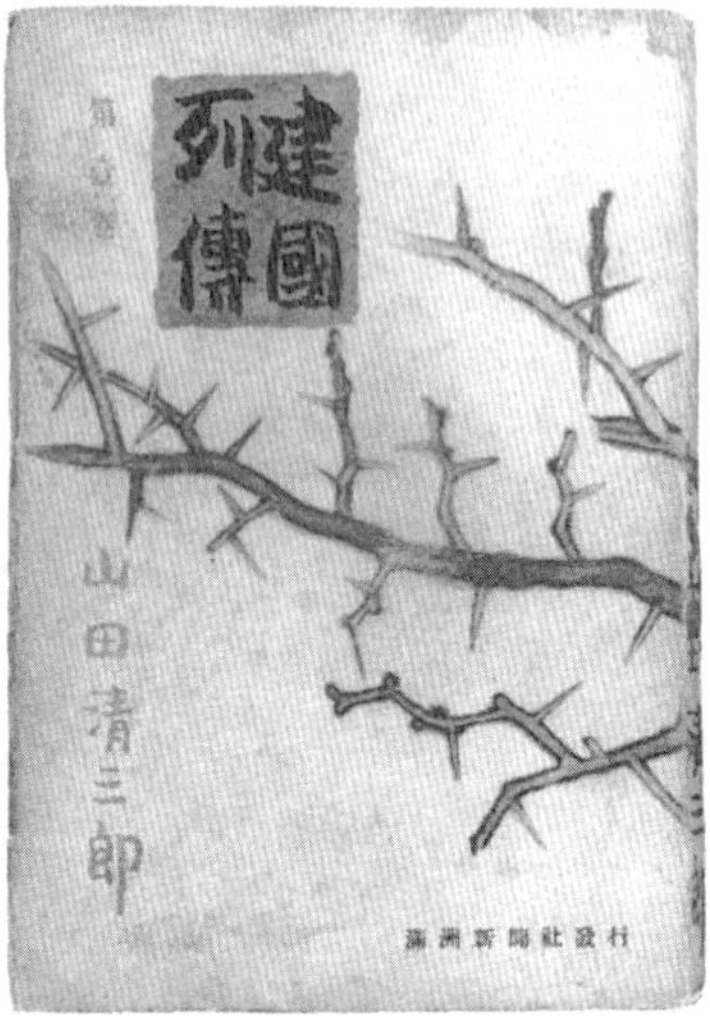

図6　山田清三郎『建国列伝』

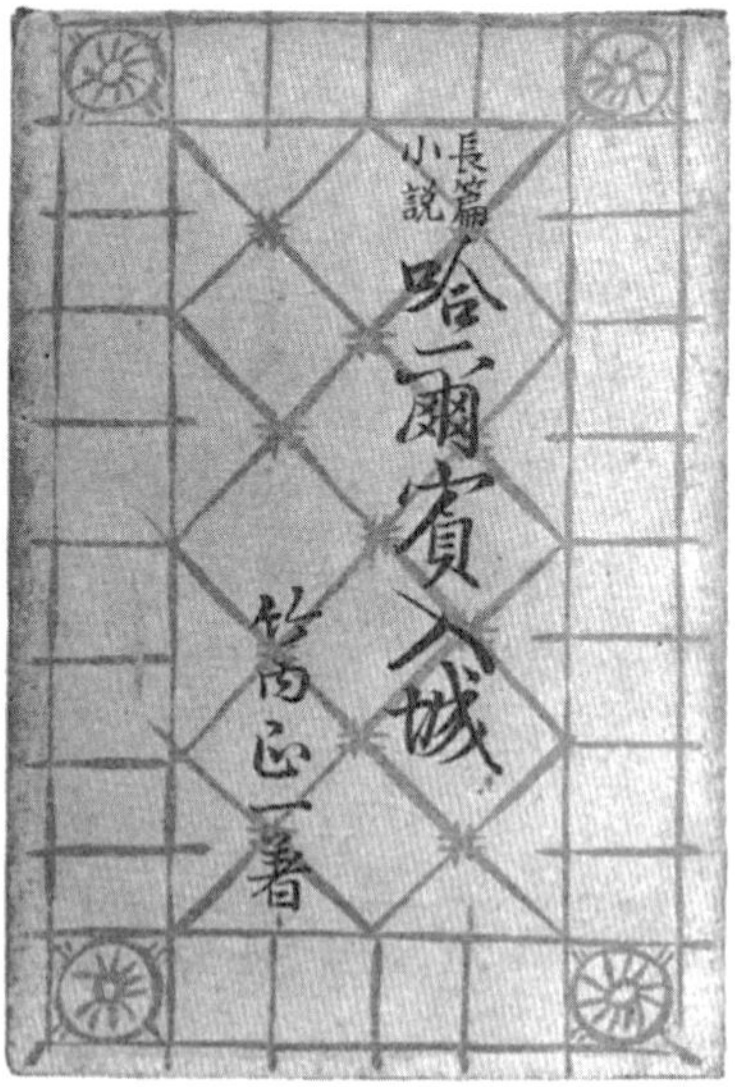

図7　竹内正一『哈爾賓入城』

種々相」『旧植民地文学の研究』一九七一年、勁草書房)。第一輯から第三輯まで出した後、一九四五年五月に『満洲文学研究』、四六年春に『春期作品集』、その後は文庫本スタイルの「満洲浪曼叢書」を数点刊行したらしいが、現物による確認はとれていない。木山捷平が渡満したのは、一九四四年だからこうした『満洲浪曼』の運動はもはや終わっていた。ただし、北村謙次郎、逸見猶吉などにその後継誌的な同人誌の計画があったことは前述したとおりである。

『満洲浪曼』はその誌名からわかるように『日本浪曼派』との精神的なつながりを持っていた。ただし、直接的に『日本浪曼派』の同人で『満洲浪曼』の同人、執筆者だったのは北村謙次郎、緑川貢、横田文子などであり、他の執筆者は「これはと思ふすべてのヤンガーヂエネレーシヨンに向つて招待状を発した」のであり「幸ひ僕らの意図は他の文学団体にも正当に反映し、新京文芸集団、大連の作文同人、その他地方に散在する文筆人から続々寄稿を受け、百花繚乱の第一輯を十月末に出版することが出来た」という北村謙次郎の言葉のとおり(「『満洲浪曼』について」)、満洲国の主だった文学者たちを集めたものであり、「満洲文学」の総合誌的な立場を目指したものだった。そのため、第一輯に収録された作品のほとんどが、すでに他の同人誌等に発表されたものの再録であり、既成の作家たちの寄り合い所帯とも批判された面もあった（たとえば、今村栄治の小説「同行者」は『陰衢』に、横田文子の「白日の書」は『婦人文芸』にすでに発表済みの作品だった）。

そういう意味では、『満洲浪曼』は北村謙次郎の『日本浪曼派』的な心情とイデオロギーが主導した明確な思想性をもった「同人誌」というよりは、満洲国弘報処、満日文化協会、満映などの満洲の公的な文化行政機関が肝煎《きもい》り役となった「満洲文学」の総合誌と思われていたフシがある。つまり、「満洲浪曼派」とでもいうべき立場は、同人たちが一つの思想的立場を確立していたということより、満洲国において公認のイデオロギーであり、それはやや風呂敷を広げていえば、新生の満洲国の建国神話、建国精神をロマンチックに謳歌するという使命を持っていたのである。その点で、「日本浪曼派」のイデオローグ保《やす》田與重郎《だよじゆうろう》のようなカリスマ性も思想性ももたず、小説家としても檀一雄や太宰治のような特別な天分も才能ももたなかった北村謙次郎が『満洲浪曼』を代表する文学者として遇されていたということは、彼らのいう「満洲文学」の〝貧しさ〟を象徴していたといわれてもしかたのないことかもしれない。彼の代表作『春聯』にしろ、満洲文学についての評論にしろ、満洲国というバックボーンを抜きにしては評価することは困難なものであり、まさにそれは「偽満洲国」の「偽建国神話」「偽国民文学」の症例として残されていると

図8　新　京

図9　奉　天

いえるものなのである。

そうした日系の「満洲文学」の〝貧しさ〟について、一九四三年（昭和十八）に新京に設立された満洲文藝春秋社の出す雑誌の編集責任者として渡満した池島信平は、こんなことをいっている。これは直接的には『満洲浪曼』などの文芸雑誌が統合された形の満洲藝文協会の機関誌『藝文』の編集を引き受けたことに関して語った文章の一節である（『雑誌記者』一九五八年、中央公論社）。

牛島春子

ただ自分が編集してみてわかったことは、なんといっても満洲在住の日系作家の力量不足ということである。芸文協会の山田清三郎さんは、周知のように、親分肌の世話好きで、われわれと若い作家との間をいろいろと、とりなしてくれた。しかし私は心の中で、

（どうしても満洲の日系作家はどこか甘やかされたところがあって、性根がすわっていない。だから伸びない。満洲国弘報処（情報部）あたりがあまり力を注ぐために、かえって逆に作家が伸びないのではないか。まあ悪口をいって失礼だが、ここで作家といわれている人の大部分は、日本の旧制高校の文芸部員程度の力量しかない）

と思い、さしつかえのない人に向っては、そう公言していた。

これに続けて池島信平は「わたくしが当時、認めた作家では牛島春子さんがある」と言っている。そういう意味では、『満洲浪曼』あるいは日系の「満洲文学」を文学的に代表するのは、北村謙次郎や長谷川濬《しゅん》などではなく、牛島春子、あるいは横田文子といった女性小説家といえるかもしれない。彼女たちは、他の男性文学者たちと同様に、日本内地から満洲国へ渡って来たのである。

牛島春子は福岡県立久留米高等女学校を卒業して、労働組合運動に参加し、日本共産党九州地方委員会の事務局のキャップとして行動したが、一九三三年二月に非合法の共産党活動家として一斉検挙され、懲役二年執行猶予五年の判決を受けて釈放された後、同姓の牛嶋晴男と結婚し、夫の満洲への赴任（満洲国奉天省属官）に伴ってその任地（最初は奉天、後、黒竜江省拝泉県、新京〈現・長春〉に居住した）にやって来た。共産主義活動からの「転向者」（あるいは偽装転向者）たちが、満鉄調査部や満映などの機関に多くその生活の活路を見出していたように、牛島春子も日本での思想的、社会的な活動に逼迫感を抱き、新天地としての満洲に「再生」の希望を託したのかもしれない。しかし、あくまでも満洲国官吏の妻として満洲に同伴者としてやってきた彼女には、満洲国と直接的な関わり合いをしなければならない男たちとはちょっと違った視角をとることが可能だったといえるように思われる。「王道楽土」の建設、「五族協和」の実現というスローガンに共鳴するというより、そうした美辞麗句を信じ込まなければ「満洲国」に自分がいることの存在証明を失ってしまう（大人の）男たちに対して、〈少年少女たちの満洲〉の章で取り上げた子供たちや、牛島春子のような女性たちとでは、その満洲への関わりのスタンスはやや異なっていたと思われるのである。牛島春子や横田文子の「満洲」小説などは、男性作家たちが満洲国の建国神話を文学化しようとしていたといえるのに対し、その「神話」の内実を見据えようとしていた作品であるといえよう。

「祝という男」

牛島春子が満洲で書いた代表的な小説「祝《しゆく》という男」は、県公署（地方行政府）で通訳をしている「満系職員」の祝廉天《れんてん》が主人公である。彼は日系職員からも「満系」職員からも評判が悪い。新しく副県長として赴任してきた風間真吉は、しかしそんな祝が有能であり職務に熱心であることを認め、彼を起用することが多かった。祝はその冷徹な仕事ぶりや、上司には徹底して忠実であるということから、日系にも満系にも嫌われていたのだが、それはいわば「植民地人」の典型として、過剰に宗主国人（日本人）に迎合的に従属するという「悲しい」性質といえるものなのである。「満州国が潰れたら、祝はまっ先にやられますな」と祝自身がうそぶくのだが、そうした民族的な裏切り者という自覚を持ちながら、祝は日本人以上に近代的な合理主義、法治主義を体現しようとする人物として描かれている。

しかし、こうした「満人」祝の姿は、本来は上司であり日本人官吏である風間真吉という主人公の視点によって描かれているはずなのだが、小説での実際の描かれ方は、必ずしも「日本人」の見る「満洲人」という構図ではないように思われるのだ。妻のみちが、作者の牛島春子の立場であると考えられるのだが、小説のなかでも「祝」という人物を観察している視点は、風間真吉のそれではなく、むしろ夫の肩越しに夫の部下を見ている妻のみちのもののように思える。たとえば、次のような描写。

真吉が祝廉天を見覚えて二、三日たった晩の七時過ぎ、当の祝廉天は突然裏庭づたいに真吉の公館に音もたてずに訪ねて来た。真吉の居間の入り口ちかく、協和服の膝を曲げて坐った祝廉天の肉のそげた蒼白な顔は、やや斜めからさしかかったほの暗い電灯の光で骸骨のような翳《かげ》をつくり、気のせいかさすがに荒れた索漠としたものが感ぜられた。口を開くときらきらと金歯が光る。

「肉のそげた蒼白な顔」や「きらきらと（光る）金歯」を観察し、「荒れた索漠としたもの」を感じているのは、真吉ではなく、みちであり、その視線は油断できない異民族の部下に対するものというより、人間的な好奇心に満ちているように思われる。そうした人間観察の興趣がこの小説にはあり、それはたとえば、同じように日本人の視線で「満洲人」を描いた八木義徳の第七回の芥川賞受賞作品「劉広福《リウカンフウ》」に較べても、「満洲人」をステレオタイプではなく、リアルに描き出しているという感想をもたざるをえないのだ。

「祝」という男は実在の人物であり、実際に牛島春子は夫の満洲での赴任地で「祝」と出会い、その一般的な満洲人とは違ったキャラクターに興味を感じたのが創作の動機だったという（実際の名前は祝廉夫だったが、初出の時に「夫」が「天」に誤植され、それが定着してしまったという）。この小説は芥川賞の候補となり、受賞は逸したものの、編集者から高く評価され、文藝春秋社から単行本として刊行される予定になっていたが、敗戦の直前直後のどさくさまぎれにその出版計画も潰れてしまった。なお、実在の祝は満洲国崩壊後、漢奸として地中に体を埋められ、首だけ出して石を投げつけられて殺されたという。まさに祝自身の予想したとおりとなったのである（銃殺されたという説もあるようだが、いずれにしても日本への協力者として処刑されたことだけは間違いないようだ）。まさに「満州国が潰れたら、祝はまっ先にやられますな」と祝自身が予言していたとおりとなったのである。

横田文子

横田文子の「美しき挽歌」という作品は、オムニバス形式の小説といえるもので、最初の「風」の章は日本人と白系ロシア人の少年たちが草原で遊んでいる場面である。彼らは生きている雀をおもちゃにして、それを取り合いしている。そこにもう一人のロシア人少年（彼は萎《な》えたような小さな細い足をして、片腕が肩のところからすっぽりなかった）が現れ、いっしょに遊んでもらおうとするが先の二人の日本人少年、一人のロシア人少年から意地悪される。後から来たロシア人少年が窪地で転んでしまったのを見捨てて、少年たちは家へ帰ってしまう。残されたロシア人少年が彼らがおもちゃにして、殺してしまった雀の死体を手にして幸福感を感じる。

次は「恋文」の章で、〈私〉という日本人女性のもとに「満人」の青年の王から手紙が来たという話である。王は一度〈私〉のいる家に訪ねてきて、日本人の人妻に恋文を書いたとだけ告げる。その後、差出人のところに「車中にて、王」とある手紙が届いたのである。その手紙の内容が紹介されるのだが、それは日本人の人妻に恋をした満洲人の若者が、その思いの届かない当の相手の女性に、「満人の方の恋愛観をおききしようとしていたんですのよ」などと、無邪気に聞かれる苦しさを告白する手紙だった。

次の「あるクリスマスの物語」の章は、前に「新京」に住んでいたことのある日本人女性が、満洲を再訪し、昔顔見知りだったロシア人の老婆と逢い、ちょっとした気紛れでこの孤独な老婆の部屋でクリスマスをいっしょに祝おうということになり、ローソクの火を見つめながら、嗚咽し、やがて泣いたまま寝入った老婆を置いて、その部屋を後にしたという話である。日本人女性はそのことを日本にいる〈Aさん〉宛てに手紙を書いているという書簡体の小説なのである。

この横田文子の作品から読み取れるのは、満洲国に住む日本人と満洲人、白系ロシア人との感情的な行き違い、その感じ方の齟齬《そご》や考え方の喰い違いといっていいだろう。もっとも「手紙」の章のように、日本人女性は相手の「満人」青年の片恋の相手が自分であることに薄々気付いていながら、彼の心を弄ぶような言動を行うのであり、それは立場や身分の違うことについての精神的葛藤なのである。これらのエピソードは、とても小さな意味だけれども「五族協和」という官製のスローガンに対する違和感、疑問を表明したものといってもいいだろう。つまり、牛島春子は「満州国が潰れたら、祝はまっ先にやられますな」とうそぶく「満洲人」を描き、横田文子は「新京」という同じ街に住みながら、「同床異夢」とでもいうべき、互いに精神的に大きな隔たりをもった日本人少年とロシア人少年、日本人女性と満洲人青年、日本人女性とロシア人の老婆という組み合わせで、その「民族」間の「不協和」を描いたのである。

北村謙次郎や長谷川濬など、「満洲浪曼派」の男性作家たちが、満洲国の「建国神話」を作り出そうとしていたとしたら、女性作家たちはその背後や底のほうにある違和感や齟齬の感覚を描こうとしていた。もっとも牛島春子の「女」や「福寿草」のように、「匪賊」の討伐隊の勇敢な警察隊や、「匪賊」の襲撃に会った日本人開拓団の男女、老若が力を合わせて集落を守ろうとするという満洲国の「英雄時代」的な物語をまったく書かなかったというわけではない。また、北村謙次郎や長谷川濬などが、日本人とその他の民族との「同床異夢」の現実や、民族間の葛藤をその作品世界からまったく排除していたということでもない。だが、「満洲文学」を標榜すればするほど、彼らの文学は「五族協和」と「王道楽土」というスローガンに近接してゆかざるをえなかったのであり、それはやがて「満洲国建国神話」の文学というように限定化されていったのである。

文化政策のもとで

それにはむろん、満洲国の文化政策、「満洲藝文綱領」を中心とした官製の文化行政が陰に陽に関与していたことは間違いない。雑誌の創刊や文学賞の授与、出版物の紙の配給から取材や執筆の経済的、政治的な援助、保障の体制まで、満洲国では「官」が積極的に文芸、芸術分野に関与し、干渉した。『満洲浪曼』の創刊に満洲国総務庁弘報処の木崎龍が関わったことはすでに指摘したが、国文学研究の道から満洲国の文化行政の官吏の道に転向した彼は、本名の仲賢礼の名で『宣撫《せんぶ》月報』などの編集をしながら、木崎龍として「満洲文学」の建設に関わるいくつかの評論を書いた。その一つである「建設の文学」にはこうある。

もし「満洲文学」を特殊な文学理念として、その特殊性において主張するならば、それは間違ひである。満洲には満洲の文学が存在せねばならぬ。それは、恰《あたか》も日本には日本の文学が存し、フランスにはフランスの文学がある如く、事実であり乃至は当為である。（中略）

満洲文学は日本文学と絶縁して独自な展開をなせとする主張の如きは、この誤つた置換の上に立つ空虚な掛け声に過ぎない。なるほど現代の日本文学は、我々に教へる何物をも持つてはゐない。しかし、それは何が日本文学をかくも無内容に無気力に行きつまらせたかといふ重要な歴史的過程を、赤裸々に呈示してゐてくれるのである。

（中略）

然るに独り満洲文学のみは、前記の如き混迷の圏外に聳え立つ可能性を持つと思はれる。それは満洲国が持つ王道楽土の実現と、民族協和の大理想達成といふ輝かしい前途と地盤とが可能性を約束するからである。

満洲の文化政策に乗っかった公認の「満洲文学」は、あくまでも「王道楽土」と「五族協和」というスローガンから離れることができなかった。これは木崎龍が最初の中心メンバーだった『満洲浪曼』だけではなく、一方では『満洲浪曼』と、日本人による「満洲文学」の旗頭を争い、一方では同人間の重なり合いもあった文学同人誌『作文』の場合も基本的には同じであったといってよい。

＊**牛島春子**（小説家）一九一三〜。福岡県久留米市生まれ。一九三六年渡満。三七年「王属官」によって第一回建国記念文芸賞に当選、創作活動を始める。四一年「祝という男」が芥川賞候補となり、『文藝春秋』に転載される。満洲時代の作品には「王属官」「女」「福寿草」「牝鶏」「雪空」「二太太の命」などがある。四五年三児とともに福岡県小郡に引き揚げる。戦後も『新日本文学』などを中心に文筆活動を持続している。『霧雨の夜の男――菅生事件』（一九六〇年、鏡浦書房）、『ある微笑――私のヴァリエテ』（一九八〇年、創樹社）がある。

＊**横田文子**（小説家）一九〇九〜八五。長野県飯田市生まれ。飯田高等女学校時代から同人誌に加わり、文学活動を開始、十八歳でプロレタリア作家同盟に加入する。『女人文芸』を主宰、小説、戯曲等を発表。『輝ク』『婦人文芸』などに作品を発表。「誘いの日」「白日の書」が芥川賞候補とな

る。『日本浪曼派』同人。一九三八年六月、満洲に渡り、大新京日報に入社、大連図書館の司書をしていた詩人・坂井艶司と結婚し、『満洲浪曼』の同人となる。四六年、子供三人と郷里の飯田市に引き揚げる。諫早、東京都内を転居し、文学活動を続ける。東栄蔵編著『横田文子　人と作品』(一九九四年、信濃毎日新聞社)がある。

＊**「満洲建国文学」**　満洲国の「建国」の歴史を小説として書いた作品がいくつかあり、それを「満洲建国文学」と一まとめにすることができると思われる。鑓田《やりた》研一『満洲建国記』三部作(「奉天城」「王道の門」「新京」一九四二年～四三年、新潮社)が代表的なもので、北村謙次郎『春聯』(前出)竹内正一『哈爾濱入城』(一九四二年、赤塚書房)、鷲尾雨工《わしおうこう》『満洲建国の人々』(一九四四年、潮文閣)、林房雄『青年の国(第一部)』(一九四三年、文藝春秋社)、山田清三郎『建国列伝(第一～三巻)』(一九四三年、満洲新聞社)などがある。実名を使った実録小説風であり、未完結作品が多い。菊池寛が書いたとされる(実際は山田清三郎)『満鉄外史』(一九四一年、満鉄社員会)もこれらの一種といえよう。

「満洲文学」のリアリズム

『作　文』

文学同人雑誌『作文』は、一九三二年（昭和七＝大同元）十月に創刊された『文学』が三号から誌名を変えたところから始まっている。創刊同人は竹内正一、城小碓《じょうおうず》（本家勇）、落合郁郎《いくろう》、島崎恭爾《きょうじ》、町原（島田）幸二、安達義信、青木実だった。当時、満鉄の大連図書館に勤めていた青木実と、大連医院事務局に勤めていた安達義信が中心メンバーであり（青木が発行人、安達が編集人だった）、竹内正一が青木と同じく大連図書館員であるなど、同人には満鉄関係者が多かった。創刊号は大連市内の書店三軒に卸し、発行部数は二〇〇部だった。創刊のきっかけは、百田宗治主宰の『椎の木』に寄稿していた詩人のメンバーが集まったことから始まり、二号から小杉茂樹、秋原

図10　満洲作家九人集『廟会』

勝二が参加した。城と島崎は脱会して『新大連派』という詩誌を作ったが、三号雑誌で終わった。

　『作文』自体は一〇年間の活動の後、一九四二年（康徳九）十二月に、「満洲藝文指導要項」により一部門一誌の原則で月刊文芸誌『藝文』の発行に伴って廃刊させられた。同人としては大谷健夫、高木恭造、古川賢一郎、宮井一郎、三宅豊子、麻川透、日向《ひなた》伸夫、木崎龍、井上郷、吉野治夫、坂井艶司、松原一枝、野川隆などが参加した。途中、第十輯で誌名を『一家』と変えたが第十一輯で『作文』に戻し、通算第五十五輯まで出た（なお、『作文』は戦後、満洲から引き揚げてきた旧同人たちによって復刊され、一九九八年に第一六九集を出し、現在も続刊中である。同人、関係者に物故者が出るたびに追悼特集を行い、「満洲文学」の貴重な資料となっている。おそらく、日本で最も生命力の長い同人誌ではないかと思われる）。

『作文』同人の小説家たちの作品集として『廟会（みやをほい）』（一九三〇年、竹内書房）がある。「満洲作家九人集」として九編の作品が集められている。編集をしたのは同人の竹内正一の旧友で文芸評論家の浅見淵《ふかし》であり、最後に跋文《ばつぶん》を書いている。目次は以下のとおりである。

竹内正一「流離」、青木実「一農夫」、吉野治夫「イワンの家」、秋原勝二「草」、高木恭造「風塵」、冨田壽「沙草地」、町原幸二「駱駝のゐる町」、三宅豊子「雪至る」、日向伸夫「春遠胡同」。

浅見淵の跋文にはこう書かれている。

「廟会」一巻に収められた作品は、現在満洲に生れつつある文学の最上のものであるかどうかは知らぬ。だが、茲《ここ》に執筆してゐる九人の満洲在住作家たちは、大体満洲を故郷として育ち、なほかつ満洲の土に化せんことを冀《ねが》つてゐる人たちである。そして、昭和七年に大連に於いて創刊された同人雑誌「作文」に拠り、満洲に於ける勤労生活の傍らその余暇を黙々として創作に従事し、創作の喜びを生活の中で味わひ来たつた人たちである。

山田清三郎氏は「満洲の文学界の現状」なる一文の中で、「きはめて粗雑に概叙するならば、今の満洲文学界は、主として満鉄職員のアマチュア文学によつて、最初の鍬が下されたといつて差支へはないもののやうである」と言つて、「現に第四十一輯を数へ、満洲の文学雑誌の最有力者の一つである『作文』の如きも、始めは主として満鉄職員の同好者によつて創刊されたもので、今なほその同人は、満鉄系統と呼ばるべきものが多いのである」と、「作文」のことを紹介してゐる。これを見て分るやうに、作品の出来栄えは兎に角として、これらの作家たちが、満洲在住作家たちの中で最も有力なメンバアであることだけは頷けると思ふ。

その主な作品

『作文』が大連中心だったのに対し、『満洲浪曼』や『藝文』は、新京が中心だった。尾崎秀樹は「『満洲国』における文学の種々相」において「満洲国」の文化が、首都新京の建設が進むにつれて、関東洲の中心都市だった大連から、新京へと徐々に移っていったことを語っている。また、北村謙次郎は「満鉄マンあたりによって代表される自由主義的な大連イデオロギー」と、「協和服を着込んで建国精神や協和理念を説く」ような「満洲風」を吹かす「新京イデオロギー」とを対立的にとらえているが、北村謙次郎自身は、満洲国官僚や協和会会員の「新京イデオロギー」に反感を持っていたかもしれないが、彼自身が「大連イデオロギー」から見れば、「満洲風」を吹かす「新京イデオロギー」の側の人間と見られていたかもしれない。そうすると、『作文』の大連イデオロギーと、『満洲浪曼』の新京イデオロギーという二項対立の図式を、とりあえずは描くことができるかもしれないのだ。もちろん、これは大ざっぱないい方であって、それぞれの同人の一人一人がそうした党派的な「イデオロギー」に固まっていたとは思われないし、また、木崎龍、長谷川濬《しゅん》、吉野治夫など、両誌にまたがって作品を発表した人もいる。

具体的にいくつかの作品を見てゆこう。竹内正一は、満鉄の大連図書館からやがてハルピン図書館に移動し、そこで『北窗《ほくそう》』という図書館誌を出した図書館人《ライブラリアン》だが、小説としては主に白系ロシア人の出てくる作品を多く書いた。彼は「流離」という小説を書いているが、これはハルピンに住むユダヤ系ロシア人の一家の離散過程を描いたものだ。

病気と商売の失敗で、すっかり零落したヤコブ・ファインの家には、息子のジョーヂとラーヤという娘がいるが、貧しいうえに、叔父家族までが来ていっしょに食事をするという生活に耐えられなくなり、ラーヤは天津にいる伯母のところへ行ってしまう。ジョーヂは、日本人の友達やガール・フレンドから金を巻き上げ、ダンス・ホールで遊ぶといった生活を続け、ちょっとした間違いから日本の警察に捕まってしまう。思想犯としての嫌疑を受けた彼は、釈放されたもののハルピンから退去させられることになり、一人で旅立った。病気の父親（と叔父）は家も家具も売り、荷車に琺瑯《ほうろう》の剝げた洗面器や湯沸かし《サモワール》などの最後の荷物を載せ、その家を出てゆくのだった。

このユダヤ系ロシア人がどんな商売をしていたかは明らかにされていないが、ハルピンに日本人が入り込みはじめたことによって、それまでその町でそれなりの生活を営んできたロシア人や満洲人が没落し、零落したのは疑いのないことだった。このヤコブ・ファインも、そうした没落した白系ロシア人の一人であり、家財や家具だけではなく、二人の子供さえも失ってしまうという「離散」家族の憂き目を見てしまうのだ。もちろん、直接的にはそれは彼の病気であり、また兄家族の苦境にもかかわらず、寄食を続ける叔父家族、また、満洲人のコックを雇って食事を作らせるという、彼らの豊かな時代の習慣をそのまま引きずった保守性といったものにその「原因」があるのかもしれないが、「元凶」というべきものは日本人の北満進出であり、ハルピンへの流入であるといえるだろう。つまり「五族」の協和と共栄というスローガンにもかかわらず、「満洲国」建国という歴史的な変化自体が、ヤコブの一家を零落、離散させた要因となっているのである。

吉野治夫の「イワンの家」も、零落した白系ロシア人の家族の物語で、この家族は家計のために言葉の通じない日本人に、自分たちの寝室を明け渡して貸間として生活を立てているのである。イワン・ヴォーロキチンは、鉄道に勤めていたが、寛城子《かんじょうし》駅の廃駅とともに失職し、廃人同様となってしまったのだ。もちろん、これは北満鉄道を南満洲鉄道が買収、接収し、それに伴いロシア人、満洲人の鉄道関係者が大幅に人員整理されたことが関係していることはいうまでもない。「イワンの家」は、その貧間に入った日本人の視点で、イワンの家の貧窮ぶりを同情的な目で描いたものだが、ここにもイワンの家の零落には、「五族協和」を叫び、「王道楽土」を呼号する「日本」の満洲政策の犠牲者を眺める視線があるといえるのだ。

青木実の「一農夫」は、実直で素朴な満洲人の農夫・孟の話で、彼は町の市場に作物を売り、その代価で子供の目薬やロウソクを買おうと馬車で出かけていった。思ったより多い代価を手にした彼は、食事の時に酒を飲み、いい気持ちになりながら買い物をし、ロウソクを買おうとロウソク屋に入った時、「匪賊」の捜査をしていた兵隊たちと出会い、驚いて逃げ出してしまう。怪しまれた彼は捕まり、軍隊に連れて行かれた。村の者と宿の主人が彼を貰い受けに軍隊へ行き、釈放されるが、軍隊で手荒な目に会った彼は、すでに精神がおかしくなっていたのだった。

図11　日向伸夫『第八号轉轍器』

日向伸夫

これらの小説を見るだけで、『作文』の主要な作家たちがどんな立場から、どんなモチーフによって小説を書いていたかが、ある程度明らかとなるだろう。貧しいロシア人と満洲人の農夫。彼らの貧しさや困窮には直接的に、あるいは間接的に満洲国という国の成立が関わっている。それは時代や社会の変化に追いつけずに取り残されてしまった人々や階層を生み出し、さらにはロシア人のジョージや、満洲人農夫の孟のように、あらぬ思想的嫌疑によってその生活を台無しにされてしまう無辜《むこ》の犠牲者たちも少なくないのである。『作文』の作家たちは、彼ら自身が満鉄などで「満洲における勤労生活」を送っていたために、新京に住んでいた満洲国の官僚や、新聞、雑誌、放送、映画などに関係したジャーナリスト、一般会社や特殊会社のサラリーマンよりも、ロシア人や満洲人などの実際の生活に触れることも多かったと思われる。とりわけ、満鉄などの会社でも実際の現業部門に携わっていた日向伸夫などの作家には、そうした満洲国の「五族」の下積みにいる貧窮したロシア人や満洲人の鉄道労働者などは、彼の作品の重要なモチーフを与えてくれる存在だったのである。

彼の作品集『第八号轉轍器《てんてつき》』(一九四一年、砂子屋書房)に収められた小説は、そのほとんどが鉄道員の物語であり、とりわけ保線夫、轉轍手、機関士、駅員といった現業部門で働く日本人、満洲人、ロシア人が登場人物となっている。表題作「第八号轉轍器」は、ソ連が所有していた北満鉄道の満鉄接収に伴い、それまで轉轍手として勤めていた満洲人の労働者たちが、日本語を覚えたり、それまでの自分の仕事のやり方を変えなければならなくなったという話である。ロシア式から日本式へのポイントの切り換え。もちろん、それは長年、北満鉄道で働いてきた労働者たちにとって、容易に切り換えることのできないものなのである。なかには、いつまでたってもうだつの上がらない鉄道労働者の仕事に見切りをつけ、それをチャンスとばかり転職して、金儲けを夢見る者も出てくる。もちろん、それはそううまくゆくはずもないのだが。時代の変化とそれに取り残される人々が主人公であり、日向伸夫の小説は、そうした下積みの人間に対するヒューマニスティックな共感と観察眼がある。

これ以外にも日向伸夫の小説には、日本人がまったく登場してこない満洲人同士だけのストーリーの作品も多く、作品集『廟会』に収録された「春遠胡同」も、満洲人の機関士と機関士助手との「色」と「金」とをめぐる物語となっている。死亡給与金をめぐっての故人の妻と義弟の争いに巻き込まれた王書紀は、未亡人との不倫関係を嗅ぎつけられ、故人の弟に金を強請《ゆす》られるという事態になってしまうのだった。

これらの日向伸夫の作品は、満洲人の生活の風俗を描いたリアリズム小説として評価は高い。浅見淵は彼の作品集の跋文で「作家としての日向君の特色を抽き出してくると、何よりも際立つてゐるのは民族心理を取り上げてゐること」であり、「満洲における、日系、満系、あるひは鮮系のお互ひの心理的摩擦を、作者のヒユーマニステイツクな協和的精神を底流させながら、亢奮や感傷に溺れず、冷静に、素直に描き出してゐることだ」と書いている。彼の作品は、満洲国の日本人以外の「異民族」の心理的葛藤を描いた日本語の小説として珍しいものであり、「満鉄職員のアマチュア文学」の域を超えたものとしてその活躍が期待されていたが、満洲から召集され、一九四五年に沖縄戦で戦死したと伝えられている。享年は二十九だった。

日向伸夫など、『作文』同人の小説には、「五族協和」の建前の裏面にある、「五族」の階層的な差別状況や、その民族心理の葛藤を描き出したものが多い。それは現実の満洲国の民族政策、行政を見れば明らかなとおり、日本人をピラミッドの頂点とした民族階層の社会が厳然として存在した世界にほかならなかったからだ。それを弥縫《びほう》し、隠蔽しようとしたのが「五族協和」のスローガンであり、また満洲国の各政府機関や地方機関の「長」には満洲人を任命し、その「副」として日本人を配し、実質的には「副」の日本人が実権を掌握するという「傀儡《かいらい》」政権の制度にほかならなかった。日本人顧問や軍人（あるいは黒幕）による「内面指導」の徹底化など、「五族協和」という口当たりのいいスローガンとはまったく逆の制度や方針が満洲国に貫かれていたのであり、それはほとんど誰の目にも明らかな「公然の秘密」だったのである。

もちろん、『作文』の作家たちもそうした「傀儡国家」としての満洲国の実態をそのままに描き出すことはできなかった。ただ、彼らは「五族協和」「王道楽土」という言葉に踊らされることなく、「無学文盲の彼等にとつては、生活あつての王道楽土であり安居楽《あんごらく》業《ぎょう》なのだ」（「第八号轉轍器」）というように、そのスローガンの虚妄性をひそかに批判していたのである。ただ、それは彼らの思想性からきたものというよりは、彼らの作家的なリアリズム精神からきたものであるように私には思える。日本の自然主義、私小説などの系譜を引いたリアリズムこそが、国家的なスローガンに目を眩《くら》まされない現実的、実際的な社会や人間の観察を可能にしたのであり、それが日向伸夫の『第八号轉轍器』のような「満洲文学」の良心ともいうべき作品を生み出したのである。

＊ **竹内正一**（小説家、図書館人）一九〇二〜七四。大連で生まれる。早稲田大学を卒業後、満鉄に入社し、大連図書館に勤務、後、ハルピン満鉄図書館長になる。図書館誌『北窗』を刊行する。四五年に帰国した後は、図書館、大学事務局などに勤務した。作品集としては『氷花』（一九三八年、作文社）、『復活祭』（一九四二年、満鉄社員会）、『明日の山河』（一九四四年、満洲時代社）がある。ハルピンに住む白系露人社会をテーマとした作品が多い。

＊ **日向伸夫**（小説家）一九一三〜四五。本名・高橋貞雄。京都に生まれる。第三高等学校を中退し、三六年に渡満し、満鉄に入社。ハルピン駅に勤務する。「満人」の鉄道労働者を登場人物とした「第八号轉轍器」を書き、満洲文話会賞を受け、第十三回芥川賞の候補となる。三九年『作文』同人となる。四一年、作品集『第八号轉轍器』が刊行される。他に『辺土旅情』（一九四三年、北陵文庫）、『凍原の記』（一九四四年、国民画報社）がある。敗戦間際に応召し、沖縄で戦死した。

「満洲人」による満洲文学

満洲人文学者たち

中国語による「満洲文学」

日本人が「満洲文学」ということを語ったとしても、それはあくまでも日本語による「満洲文学」であり、どこか借り物であり、旅人の、故郷喪失の文学という印象を拭《ぬぐ》えなかった。「満洲文学」が本来、満洲人によるる満洲語で書かれたものでなければならないのは当然のことであり、「五族協和」の文学の中心に位置するのが、そうした「満洲人による満洲語の満洲文学」であるということは、満洲国という国家の国是からして必然のことだった。

だが、実際には満洲族、すなわち女真族による「満洲語（女真語）」の文学ということになれば、それは口承伝承や神話や英雄伝説といったものに限定されるし、満洲族（満族）出身者が書いたものとすれば、満洲族である老舎（一八九九〜一九六六）が書いた『駱駝祥子《ロートシャンツ》』や『四世同堂』も「満洲文学」ということになる。清朝の後宮生活を描いた『紅楼夢』も作者が「旗人《きじん》」と呼ばれる清の宮廷に仕える「満洲族」出身者であり、その登場人物がほとんど満洲人であるということを考えれば、「満洲文学」といってよいかもしれない。もちろん、こうした意味での「満洲文学」という用語法もある。たとえば、中国古典文学の研究者である太田辰夫は『満洲文学考』（一九七六年、神戸外国語大学研究叢書　第六冊）という論文を書いているが、それは満洲族出身者による中国語の文学の謂《いい》であり、『紅楼夢』や『児女英雄伝』がその研究対象となっている。ただ、それは「旗人」が書いたものであったとしても、「満洲」的な要素は乏しく、「満洲語」もほとんど使われていないのである。

ここでは満洲国でいわれる「満人」すなわち日本人や朝鮮人に対しての漢民族である「満洲人」が、「満語」すなわち漢民族の使う中国語によって書いた文学を（現地人による）「満洲文学」というジャンルとしたい。そのなかでも特に「満洲国」の崩壊以降、漢奸として糾弾され、処罰された文学者たち、たとえば古丁《こてい》や袁犀《えんさい》などの「満人文学者」たちの作品を主に考察の対象にしたいと考える。

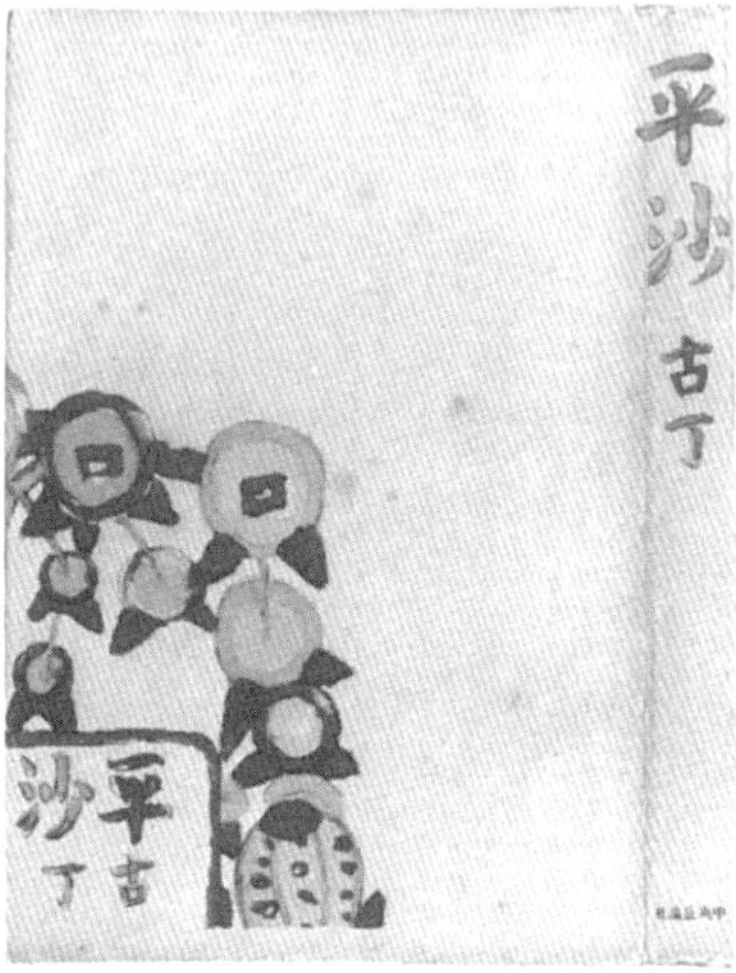

図12　古丁『平沙』

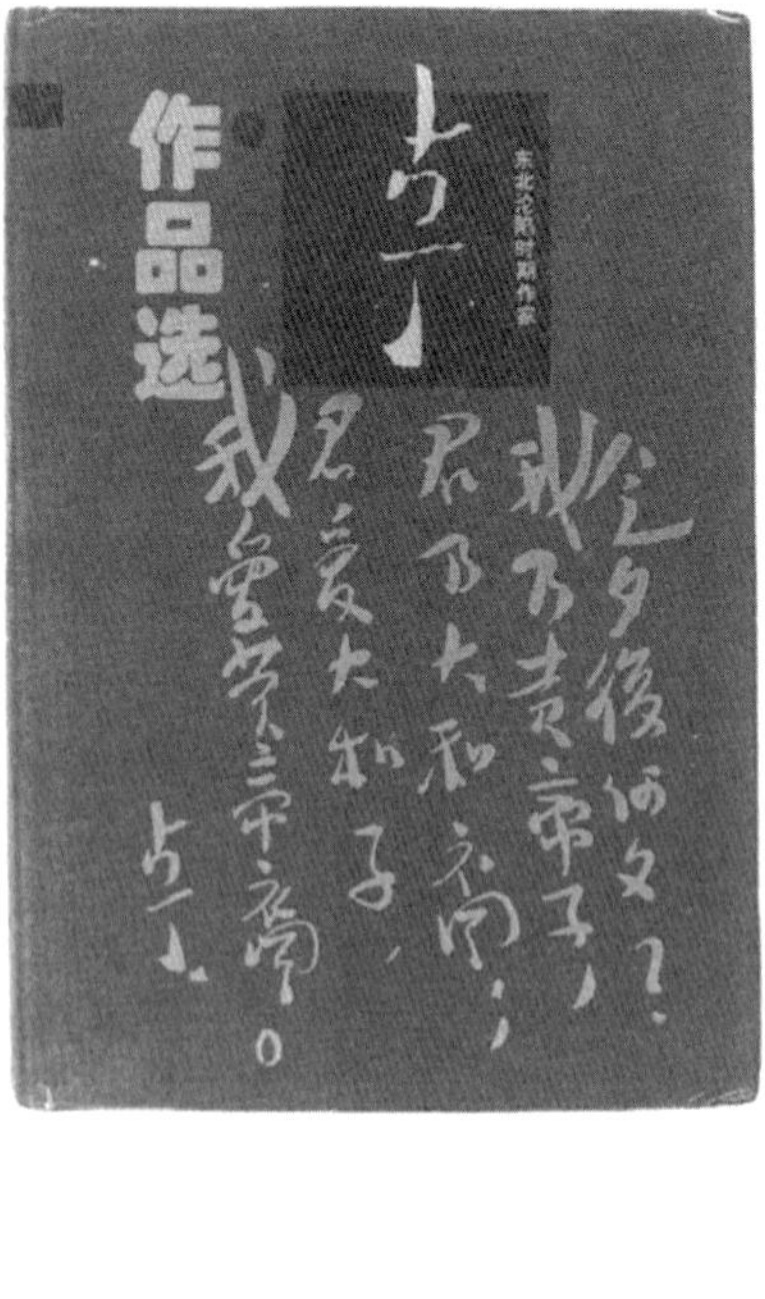

図13　李春燕編『古丁作品選』

これらの満洲人文学者の文学作品が、もちろん満洲国の同胞たちを読者対象として書かれていたことはいうまでもないが、ただそれは必ずしも「国語」を同じくする者、すなわち「満人」＝漢族だけのため、あるいはそれらの人だけに向かって書かれたわけではないことは明らかだった。「五族協和」の建て前の裏側で、「満人」の書く文章は常に「監視」の対象としてあったのであり、監視、検閲の「眼」を意識せずには、彼らは文章を書き、それを発表することはできなかったのである。

古丁

満人作家による満洲文学の積極的な翻訳者であり、紹介者である大内隆雄が「官憲のスパイ」であるという疑惑が一時期持ち上がったのも、満洲文学の紹介者＝監視者という短絡的な疑心暗鬼が「満人作家」の側にあり、日本人側がそれに対してははっきりとした態度を取れなかったということに起因しているように思われる。「満洲文学」という「五族協和」的な理念についても、その「五族」の間ではかなり違った方向を示していたのであり、その温度差は大きかったのである。古丁は日本で翻訳紹介された自作『平沙』（大内隆雄訳、一九三〇年、中央公論社）の「序として」でこう書いている。

満洲の文学は漸く芽が萌えつゝあり、その幾つかの萌えつゝある芽の一つであるこの書が、翻訳者、出版者、先輩友人各位の御厚意に甘えて、小説と名乗つて、日本の文壇に出されるに就いては、作者の私として忸怩《じくじ》たらざるを得ないものがある。

　私達は満洲に文学をあらしめたい気持で一ぱいである。この書が果してあらしめたかどうかは無論疑問ではあるが、またこれに依つて満洲の文学が即断されることは、この書の自ら欲せざるところであらう。満洲にはこれから各種各様の文学道が生れて来ることを、私は固く信じてゐるからである。

　一土民の書いたものとはいへ、これが猟奇的に読まれることも、同じくこの書の自ら欲せざるところであらう。この書の作者の企図したものは文学以外の何物でもなかつたからである。そのやうに読まれてしまふことは、この書の作者の企図したものから遠いのである。御叱正を乞ふ所以である。


古丁がここで表現しているのは、「満洲文学」の樹立に対する意気込みと、誤解されて読まれてしまうことに対する周到な警戒心である。「一土民の書いたものとはいへ、これが猟奇的に読まれることも、同じくこの書の自ら欲せざるところであらう」と彼はいっている。もちろん、この言葉の直接的な意味は、日本において「満人作家」の小説ということで「猟奇的に」、すなわちエキゾチシズムや見世物的な趣味によって読まれ、消費されることについての警戒だろう。確かに『平沙』という作品には、本妻と妾が同じ家のなかに同居しているという一夫多妻制や阿片《アヘン》の吸引や纏足《てんそく》の風習など、漢民族の有産階級社会の頽廃ぶりがかなりの密度によって描かれているといってもよい。新時代のインテリでなければならない主人公の白今虚が、旧家の頽廃や、伝統的な封建社会の迷信や陋習に結果的には巻き込まれてしまわなければならなかったのも、満洲国という理念以前の「旧満洲」の悪徳と頽廃なのであり、そうした環境のなかで「近代人化」を目指す「満人」の若者たちの絶望的な抵抗を描いたのがこの『平沙』という作品であるということもできる（「白今虚」という名前の文字の連なりに、作者のこの主人公に対する思いが込められているように思える）。

しかし、満洲の若い世代である白今虚が、酒や阿片や麻雀にうつつを抜かす「虚無」的な生活を送るようになったというのも、結果的にはこの社会には若い満洲人たちが希望を燃やすようなどんな暮らしの対象や目標もないということに尽きるだろう。白今虚は臨終の父親から「だがお前の代にはしっかりやってくれ」という遺言を聞く。それはその父親がさらにその父親（祖父）から「わしはもう駄目だ、お前の代でしっかりやってくれ」といわれたことを引き継いだものだった。小官吏の家系だった白家において「しっかりやってくれ」というのは官僚的な出世ということを直接的には意味するのだろうが、そこに日本や列強各国の帝国主義、軍国主義の支配や影響を受けてきた「満洲」の自立や独立という意味が含まれていると考えても、必ずしも我田引水ではないはずだ。そして孫であり子でもある三代目の白今虚も、結局は頽廃や無気力のうちにその父や祖父の歩んだ道を歩むことが示唆されるようなエピローグとなっているのである。

　おそらく、こうした「救いのなさ」が、古丁にとっては「文学以外の何物でもない」ものであったのだろう。日本人の「満洲文学」が満洲国の建国神話を物語ったり、旧時代とともに没落する人々（たとえば白系ロシア人など）を感傷的に描いたりするのとは違って、「満人作家」たちは、満洲国の社会のなかで必然的に虚無的になり、閉塞的にならざるをえない人々やその生活を描いたのであり、それは同じ「満洲文学」という言葉では括り切れない乖離を持ったものであるといえる。古丁などの満人作家にとって「文学」とはストレートな言語表現では言い表し切れないものを、いかに「検閲」を通過して読者に届けるかという試みなのであり、それは二重三重に表現の技巧を凝《こ》らさねばならないものだったのである。

＊古丁　一九一四〜六四。長春生まれ。本名、徐長吉。北京大学卒業後、満洲国国務院法制局統計

処属官となり、後に統計処事務官、民政部編審官などを歴任した。中国語雑誌『明明《ミンミン》』『芸文志』などに参加し、「満洲国」における中国語（満語）文学の先頭に立つ。その作品は多く日本語に翻訳され、日本の読者にも知られた。特に紀元二千六百年記念式典に訪日して参列したことから日本人文学者との交流も深まり、「満洲国」の代表的な作家と目されるようになった。日本語にも堪能で、漱石の『こころ』などの中国語訳がある。また、彼は満洲国の文化行政にも携わり、満洲文話会、文芸家協会などでは本部委員などを勤めた。一九四二年以降、三回の大東亜文学者大会に満洲国代表として出席した。長篇小説『平沙』が満洲国の民生部大臣文芸賞を、『新生』が大東亜文学賞次賞を受けた。

解放後は東北中蘇友好協会で宣伝部の活動などに従事したが、満洲国時代の活動によって整風運動の批判の矢面に立たされ、五八年の反右派闘争で投獄され、六四年に獄死した。近年、再評価の気運が高まり、一九九五年には李春燕編で『古丁作品選』（春風文芸出版社）が刊行された。

「漢奸」とよばれた文学者たち

「満人作家」による「満洲文学」は、だから悪意ある読者と好意ある読者という背反する読者を相手としなければならなかった。

「紙背」を読むこと

もちろん、そんな困難ななかで創作するよりも、筆を一時的に折るか、あるいは蕭軍《しょうぐん》や梁山丁《りょうさんてい》のように満洲国から「北支」や「中支」や「南支」へと移動することや、あるいは解放地区へと逃亡することも不可能ではなかったのである。だからこそ、満洲国で「満洲文学」に携わっていた古丁や袁犀は、満洲国の崩壊後（光復後）、漢奸文学者として糾弾され、処罰を受けなければならなかった。彼らは積極的に満洲国の文化政策に加担し、日本の軍国主義、帝国主義、そして祖国の土地を植民地化する政策に迎合したものとみなされたのである。彼らの作品のどこにも、満洲国という擬似的な傀儡《かいらい》国家に対する批判の言葉も、抵抗の文章もなかった。そこにはせいぜい消極的な諦めの観念や、守旧的な買弁階級の生活に対する疲労や倦怠、逃避や絶望が「不満」や「反感」でない程度に、慎ましく書かれている程度に過ぎなかった。こうした文学作品を、光復後の激動の時代にゆっくりとその時代的な制約を勘案しながら読むということができるはずがなかった。漢奸の文学、買弁階級を擁護する文学、ブルジョア文学、反民族的な文学、親日文学、淪落《りんらく》期の文学という烙印を押され、それらの文学作品は読む価値もなく、その文章や物語の背後に苦渋に満ちた「紙背」の言葉や文章が書かれているとはまったく気づこうともしなかったのである。

たとえば、「満洲文学」の研究者で中国文学者である岡田英樹は、梁山丁の『緑の谷』を論じて、この題名が「緑林の英雄」すなわち抗日のパルチザンを含意していることを明らかにしている。それは一種の暗号を読むにも似た解読作業を伴うものであり、光復期やまた文化大革命初期の混乱した時期に、そういった「文学鑑賞」や「テキストの解読」がなされるはずもなかったのである。文学作品にはまさに表層しかない。そこに書き込まれているイデオロギーと、わかりやすい登場人物の行動の「善悪」こそが、その作品の価値や評価を決定づけるものであって、そもそも「紙背」やその裏を読まなければならないという文学作品の在り方こそ、一般のプロレタリア大衆の位置から遊離した、ブルジョア的で、純粋芸術的、すなわち頽廃的なものにほかならないと考えられていたのである。

翻訳された「満洲文学」

ここで、日本語に翻訳された満洲人による「満洲文学」作品をあげておこう。日本で単行本として出版された「満洲文学」は、先にあげた古丁の『平沙』が代表的なものであり、このほかには「満人作家小説集」として第一集『原野』（一九三九年、三和書房）、第二集『蒲公英《たんぽぽ》』（一九四〇年、三和書房）が刊行されている。また、満洲国内において、『満洲作家選集』（一九三九年、満洲文祥堂）に疑《ぎ》遅《ち》「梨花落つ」、石軍《せきぐん》「窓」の二編が訳出されている（大内隆雄訳）。やはり大内隆雄訳で『現代満洲女流作家短編集』（一九四四年、女性満洲社）が刊行されている。収録作家・作品は次の通りであるそうだが、私は未見である。

梅娘《ばいじょう》「蓓蓓《ばいばい》」、苦土《くど》「皮鞋《かわぐつ》」、但娣《たんてい》「血を售《う》る者」、左蒂《さてい》「柳絮《りゅうじょ》」、楊絮「手紙」、氷壺《ひょうこ》「遭遇」、乙卡《おつか》「安娜《あんな》の懺悔」、呉瑛《ごえい》「小さな犯人」「墟園」「私の見た満洲女流文学」。

このほかに日本で刊行されたものとして『満洲国各民族創作選集』（一九四二年、創元社）の一、二巻（一九四四年）がある。一巻には山丁「狭街」、疑遅「塞上行《さいじょうこう》」、石軍「黄《たそ》昏《がれ》の江潮」、呉瑛「望郷」の四篇の短編が収められ、二巻には山丁「堿性地帯《かんせいちたい》」、天穆《てんぼく》「献げる」、呉瑛「旅」、爵青《しゃくせい》「賭博」、小松《しょうしょう》「仏語教師とその愛人」、疑遅「渡し」の六編が収録されている（訳者は大内隆雄）。山田清三郎編の『日満露在満作家短篇選集』（一九四〇年、春陽堂書店）には、爵青「大観園」（安東敏訳）、呉瑛「白骨」（森谷祐二訳）の二編が収録された（未見）。

さらに雑誌では一九四一年一月号の『三田文学』が「満洲新進作家特輯」を行っており、日本人作家のもののほか也麗の「三人」、小松の「夜語」をやはり大内隆雄訳で掲載している。これ以外にも、『文藝』『中央公論』『文藝春秋時局増刊』などの日本の文芸雑誌が「満人作家」の作品を掲載している。そのほとんどが、大内隆雄の翻訳によるものであり、彼は「満洲文学」のいわば独占的なエージェント、および翻訳者として存在していたのである。

ここで「満洲人」作家の日本語による翻訳作品を表にしてまとめておこう。単行本として刊行されたのは日本では先述した古丁の『平沙』、満洲国では爵青の『欧陽家の人々』（一九四三年、国民画報社）、石軍の『沃土』（一九四四年、満日文化協会）である（両書とも未見）。他は日本での刊行、もしくは日本の雑誌に掲載されたもの。満洲国で刊行された

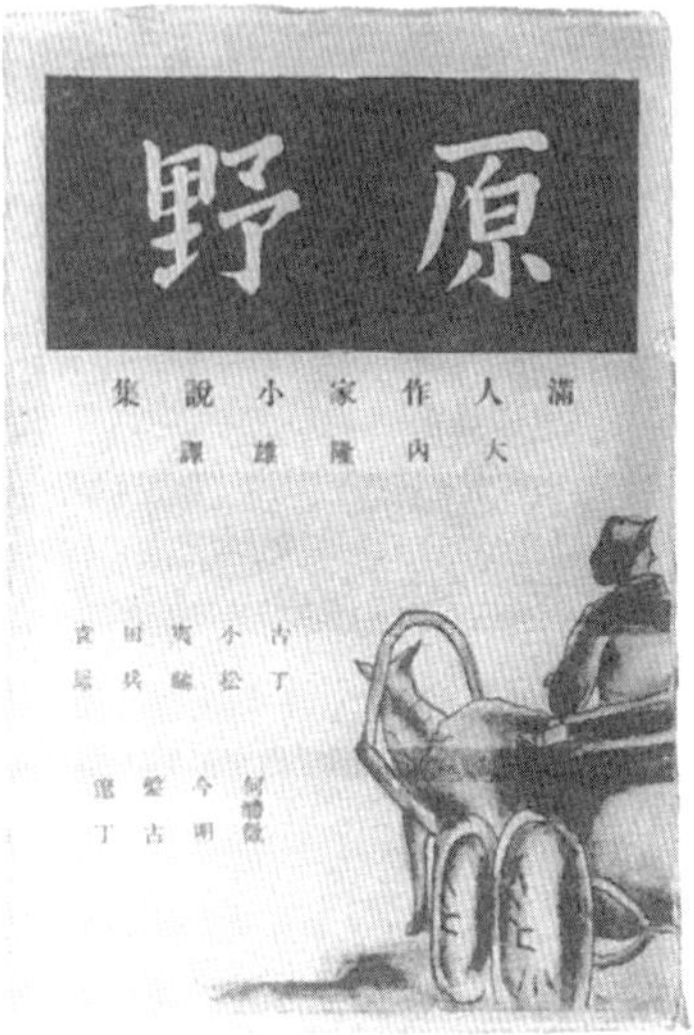

図14　満人作家小説集『原野』

図15　満人作家小説集 第2集『蒲公英』

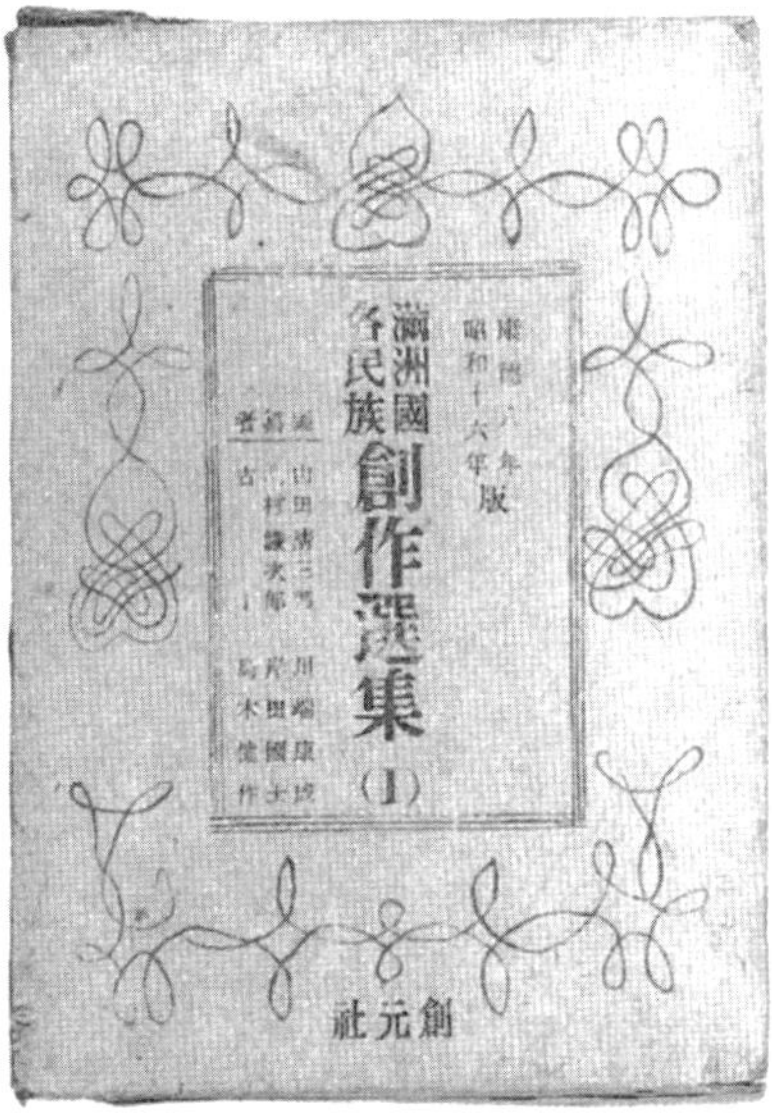

図16　山田清三郎他編『満洲国各民族創作選集』(1)（康徳8年版）

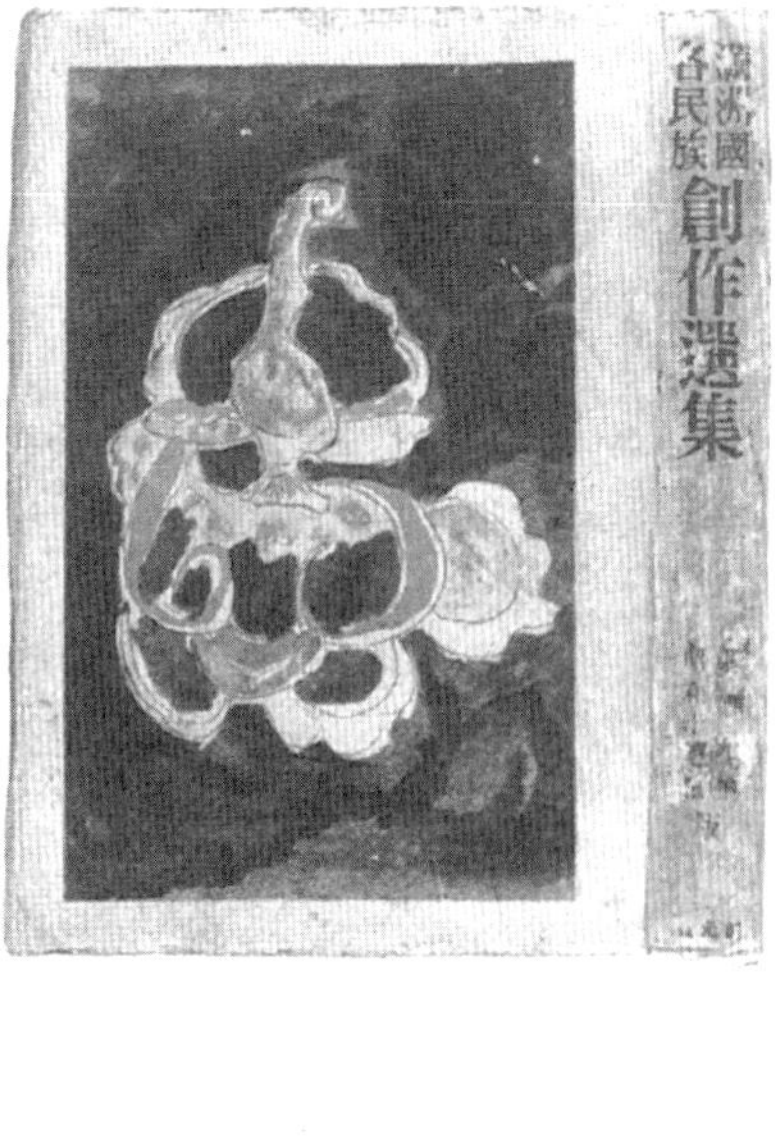

図17　山田清三郎他編『満洲国各民族創作選集』(2)（康徳9年版）

表　満洲人作家日本語訳作品一覧

筆名（本名）	生没年	作品名（掲載書名・掲載誌名）
古丁（徐長吉）	一九〇九〜六〇	『平沙』（中央公論社）、「原野」「小巷」（『原野』）、「変金」（『蒲公英』）
山丁（梁夢庚）	一九一四〜	「狭街」（『各民族1』）、「域性地帯」（『各民族2』）、「北京鉱坑」（『続現地随筆』）
小松（趙樹全）	一九一二〜	「洪流の陰影」「人造絹糸」（『原野』）、「蒲公英」「施忠」（『蒲公英』）、「仏語教師とその愛人」（『各民族2』）、「夜語」（『三田文学』一九四一年一月号）
爵青（劉佩）	一九一七〜六〇	『欧陽家の人々』（国民画報社）、「哈爾濱（筆名・遼丁）」（『原野』）、「賭博」（『各民族2』）、「大観園（安藤敏訳）」（『日満露』）、「凍った園庭に降りて」（『中央公論』一九四二年九月号）、「帰郷（武田泰淳訳）」（『文藝』一九四三年四月号）
疑遅（劉玉璋）（筆名夷馳）	一九一三〜	「北荒」「梨花落つ」「雁は南へ」（『蒲公英』）、「塞上行（藤田菱花訳）」（『各民族1』）、「渡し」（『各民族2』）、「黄昏の後」（『原野』）、「郷仇」（『蒲公英』）
石軍（王世浚）		『沃土』（満日文化協会）、「窓」「離脱」（『蒲公英』）、「黄昏の江潮（藤田菱花訳）」（『各民族1』）
呉郎（李守仁）		「我々の民族」（『大陸の相貌』）、「満州文学一談」（『文學界』一九四〇年八月号）
田兵（全徳斌）		「アリョーシャ」（『原野』）、「砂金夫」（『蒲公英』）
巴寧		「馬」（『蒲公英』）

呉瑛(呉玉英)	一九一五～六一	「翠紅」(『蒲公英』)、「望郷」(岡本隆三訳)」(『各民族1』)、「旅(石田達系雄訳)」(『各民族2』)、「白骨(森谷祐二訳)」(『日満露』)、「小さな犯人」「墟園」(『女流作家』)
袁犀(郝維廉)	一九二〇～七九	『大地の谺』(筆名・李克異・中薗英助監訳、一九九一年、徳間書店)、「隣り三人」(『原野』)
何醴徵		「彼の蓄へ」「嫁」(『原野』)
今明(馬洗園)		「雷同的人物三種」(『原野』)、「風夜」(『日満露』)
盤古		「老劉の正月」(『原野』)
王天穆		「献げる」(『各民族2』)
也麗(劉雲清)		「三人」(『三田文学』)
外文(単庚生)		「半生雑詠(詩)」(『文藝』一九四〇年八月号)、「私と田舎」(『続現地随筆』)

注　書名・雑誌名は以下の略称を使用。訳者名のないものは、すべて大内隆雄訳。
『原野』=『満人作家小説集　原野』、『蒲公英』=『満人作家小説集　第二輯　蒲公英』、『各民族1』=『満洲国各民族創作選集(1)』、『各民族2』=『満洲国各民族創作選集(2)』、『日満露』=『日満露在満作家短篇選集』、『女流作家』=『現代満洲女作家作品選集』、『現地随筆』『続現地随筆』一九四三年、満洲新聞社、『大陸の相貌』一九四一年、満洲日日新聞社・大連日日新聞社。

雑誌掲載のものは、参看の難しいものが多いので除外した。なお、岡田英樹「日訳中国系作家の作品目録」（『外国文学研究』第六二号、立命館大学外国語科連絡協議会）は、満洲での雑誌掲載のものも含んでいて、目録としてはもっとも詳しいものと思われる。

岡田英樹の「翻訳者・大内隆雄のジレンマ」（『朱夏』第六号、一九九三年）という論文によると、大内隆雄は一九〇七年生まれで、上海にあった東亜同文書院を卒業後、満洲評論社、新京日々新聞社、満洲映画協会などの満洲の文化活動に携わり、満洲文学の翻訳に精力的に従事、一九四六年に帰国した後は、延岡市立図書館に勤めた。彼は上海同文書院時代には中国の革命運動に共鳴し、芸術派から革命派に急転回した田漢《でんかん》、郁達夫《いくたつふ》などの創造社系の革命文学運動に親近感を覚えていたという。満洲国成立後の「満洲文学」運動も、「民族主義の皮を被《かぶ》る中国ブルジョアジー代弁人たちの攻勢と対抗」する「文化の革命」ということでは、こうした中国の革命文学運動の精神に連なるものであり、少なくとも大内隆雄の意識内においては、満洲国の「文化の革命」を準備する満洲文学の翻訳紹介は、中国の革命文学に共感した東亜同文書院時代の自らの思想と、それほど違った立場に立ったものではなかったのだ。

もちろん、実際に書かれている「満洲文学」の作品が、「文化の革命」を謳歌したような希望に満ちた、積極的な創造精神に溢れたものではないことは、その個々の作品の翻訳者である彼には自明のことだった。現実の「満洲文学」の作品には「暗い」ものが多く、頽廃や虚無主義、因襲や伝統に縛られた消極的で、デカダンスのような作品（たとえば古丁の『平沙』のような）が少なくなかったのである。古丁の「小巷」という短篇小説は、金花という三十近い私娼が客もなく、腹を空かせて街角に立っている様子と、その金花の亭主でヒモのように暮らしているモルヒネ患者の男の姿をスケッチ風に描いたものだ。一銭の焼き玉蜀黍《とうもろこし》も食べられない私娼と、わずかな酒と食い物と金のために盗賊団の一味となる男。しかし、この短篇の終わりでは、男の盗賊団の仕事が失敗に終わって捕まったらしいことと、金花が街角で行き倒れとなって野垂れ死にになったことを示唆するのである。

「暗い」文学

山丁の短篇「狭街」は、やはり貧しく、汚い「狭街」に住んでいる主人公の、〈私〉の眼を通じてこの街の貧しい「中国人」住人の姿を描き出している。その中でも競馬場の掃除夫をしている劉大哥とその妻の劉大嫂と言葉を交わす機会を持つ。競馬で負けたのは掃除をきれいにしなかったためだといい、劉は馬の鞭で打たれたのである。元の仕事場の鉱山に帰ると言い募る劉大哥をその妻は詰《なじ》り、〈私〉は「劉大哥は烈しい気性だし、劉大嫂は利巧な人だ、あんたたちはお互ひ相手を理解しなくちゃいかん、大哥も少し辛抱するんだな、そしたら憤慨しなくて済むだらうよ」といって、その二人なだめるのである。

劉大哥は職工募集人について「河の北の何とか」というところへ行くことにしたという。妊娠中の劉大嫂は半月分の給料を前払いしてもらえるということで駅まで見送りに行くが、夫は前払いどころかまるで奴隷のように追い立てられて汽車に乗せられ、行ってしまう。劉大哥は夫の手紙を待ち侘び、子供を死産する。〈私〉は会社で一通の手紙を受け取る。それは劉大哥の仕事仲間からのもので、彼が病気のために死んだので、その妻に伝えて欲しいという内容のものだった。重苦しい思いで「狭街」に帰った〈私〉に「劉大嫂が死にましたよ」という知らせがもたらされる。残された劉大哥と大嫂の四人の子供は、それぞれ近所の人に引き取られ、〈私〉はこの「汚い、不潔な街路」から出ることにするのである。

＊　山丁　一九一四〜。遼寧省生まれ。本名、梁夢庚。ハルピン二中、大同学院を卒業後、満洲映画協会に入り、文芸課でシナリオ・ライターとして活躍する。蕭軍、蕭紅などと知り合い、文芸雑誌などを編集する。文学長篇小説『緑の谷』を書き、満洲の郷土文学の先駆者となる。四二年に北京

に脱出、文学雑誌の編集を行い、南京で開かれた第三回大東亜文学者大会に出席する。解放後は満洲国での作家活動などを理由に批判を受け、文革時には投獄されるが、後に名誉回復され、中国東北部の風土や土地に根ざした郷土文学の代表的存在として再評価を受けるようになった。

古丁も山丁（梁山丁）も、満洲人による「満洲文学」を代表するような作家なのだが、そうした作家たちが、「小巷」や「狭街」という貧しく、狭く、汚い中国人街を舞台として、そこに住む細民たち（娼婦、モルヒネ患者、掃除夫、職工といった）を登場人物とする短篇小説を書いているということは偶然ではない。一つにはそれが満洲国に住む満洲人たちの大多数の現実の生活だったのであり、それを作家たちがリアリズムの方法によって書こうとすれば、そのような作品とならざるをえなかったのである。そして、もう一つには、そうした悲惨な現実を描くことが「五族協和」「王道楽土」という日本の帝国（軍国）主義者たちが鼓吹していた空虚なスローガンを、背面から、実質的に批判するという意味をもっていたということだ。暗い、やり切れない現実を描き、それが満洲という風土がもたらす遅れた「封建」的な制度や精神によるものだと批判することによってアリバイ工作を行いながら、満洲国の現状、日本の傀儡としての「王道楽土」への批判を含意させていたのである。

エリートたちの矛盾

もちろん、それをたんに暗黙の満洲国批判、日本の植民地主義に対する面従腹背の抵抗とだけ読むことも、彼らの文学世界を狭く限定することになる。たとえば、古丁の「原野」には、日本に留学して帰国してきた銭経邦という法学士が出てくるが、彼は故郷の駅に帰り着き、故郷での習慣通りに、気の進まぬ妻と早婚した自分を悔やむのである。

「封建だ！　封建だ！　離婚だ！　ぜひとも離婚だ！　だが、父母の命、孝、読書人――法学士が孝行出来んでは、普通の人民どもがどうして孝行が出来よう？　孝は我々東洋の精神文明だ、不孝に三あり、後無きを大と為すだ、だが、結婚してもう直ぐ十年だ、それなのに〝後〟の影も無いぢやないか……」

この銭経邦は跡継ぎを早く作るための早婚を「封建」的であると罵《ののし》っているのに対し、「孝行」という「東洋の精神文明」的な観念や、「読書人――法学士」対一般庶民という「封建」的な身分制度、儒教や科挙に見られる「封建」的なエリート意識については、まったく反省することはなく、「無教育」で「生れつきの奴隷根性」の持ち主の中国の下層の庶民たちを口汚く罵るのである。彼は家に帰ってきて、まず祖父に帰国の挨拶をする。「お祖父さんは相変らず御健康で……」「ケントー？」「相変らず御達者で」「近頃外国の学問をした奴らはどうも変な言葉を使ふ、そんな道理があるか！　全く判らん事だ、現にある言葉を使はず、手紙一本書けはせん。何処の家の息子でも親に書く手紙がいいかげんなものらしい……」

ここで祖父が怒っているのは、銭経邦が「健康」などという日本製の漢字熟語を使ったからである。日本語の漢字熟語の語彙をそのまま中国音で読めば、いかにも日本帰りの新世代の知識人（法学士）らしく聞こえることを彼は意識している。しかも、それは「封建」的な旧世代の祖父から叱責されるようなハイカラぶりなのだ。つまり、満洲の現実を「封建」制度と精神の残滓として批判的な銭経邦の視点も、自己批判のない、やはり「封建」的な身分社会に安住したエリート意識からのものであり、またそれは軽薄な日本かぶれのハイカラぶりによって増幅されたものにほかならないのである。

ここで古丁が満洲国における満人エリートの姿を揶揄的に描いていることは否定できないだろう。暗い満洲の現実を描き出すことと、それを「封建」的と罵る「読書人」階級の一人の典型とを描き出すことは、古丁にとって「王道楽土」としての満洲国批判であると同時に、そうした満洲国の中にいる満人系の知識人、読書人、文学者に対する自己批判としての意味合いを持っていた。すべての欠陥や汚点を日本帝国主義や軍国主義、あるいは満洲国のせいにすることはできない。封建制を批判しながら、その封建的な思想からあまり隔たることなしに「近代化」を自分の中では実現したかのように思いこんでいる人間。自分の家の便所を使わず、わざわざ馬車に乗って駅の水洗便所に通う銭経邦のように、彼らは自分だけが封建制度から抜け出し、自由でありうるかのように思っていたのであり、満洲国の現実を感情的に嫌悪していたにしかすぎないのである。

岡田英樹の「『満洲国』の中国人作家――古丁――」(『近代日本と植民地 第七巻 文化のなかの植民地』一九九三年、岩波書店)によれば、彼はこんなことを書いていたという。「われわれは、知識をひろく古今に求め、師友を遠く内外に求めなければならない。今の世はまさに、一大困苦の世代であり、一大艱難《かんなん》の世代である。その困苦と艱難を理由に、失望と無気力におちいることなど、どうしてできようぞ。わたしは、ひそかに努力して、修養をつむいい機会だと考える。どんどん本を読めるものは読めばいい。あれこれ思索にはげめるものははげめばいい。われわれの過剰なエネルギーを、この努力と修養のなかにそそぎこもう。さもなくば、われわれは、世紀の白痴か、地球上の残滓となってしまうだろう」と。

古丁のこうした「自己叱咤《しった》」「自己激励」は、彼の「漢奸」的立場からなされたものだろうか。あるいは「愛国」的な立場からだろうか。満洲国という恥辱的な支配を受けながらそれを「努力」と「修養」の機会へと転化させること。古丁のそうした戦略は必ずしも同族たちに受け入れられたものではなかったが、彼がやはり一人の民族主義的文学者であったことを証明しているものと、私には考えられるのである。

大地に立つ文学

蕭　軍

蕭軍《しょうぐん》（一九〇七〜八八）は、戦前の日本において紹介され、知られていた数少ない中国の現代文学者だった。遼寧省義県の生まれで、張学良が瀋陽に創設した東北陸軍講武堂で法律と軍事を学んだ。一九二二年にハルピンで新聞などに寄稿を始め、三二年にはやはり小説家の蕭紅《しょうこう》と結婚、三三年には合同文集『跋渉』を出した。彼は、魯迅の弟子として日本に紹介され、一九三八年には改造社から小田嶽夫訳で長篇小説『第三代』が刊行された。同年、竹村書房から「支那現代小説三人傑作集」として『同行者』が刊行され、そこに「同行者」「未完成の構図」の二編の短篇小説が訳載された。後の二人は郁達夫《いくたつふ》と茅盾《ぼうじゅん》であり、訳者の小田嶽夫はその序で「蕭軍、郁達夫、茅盾の三

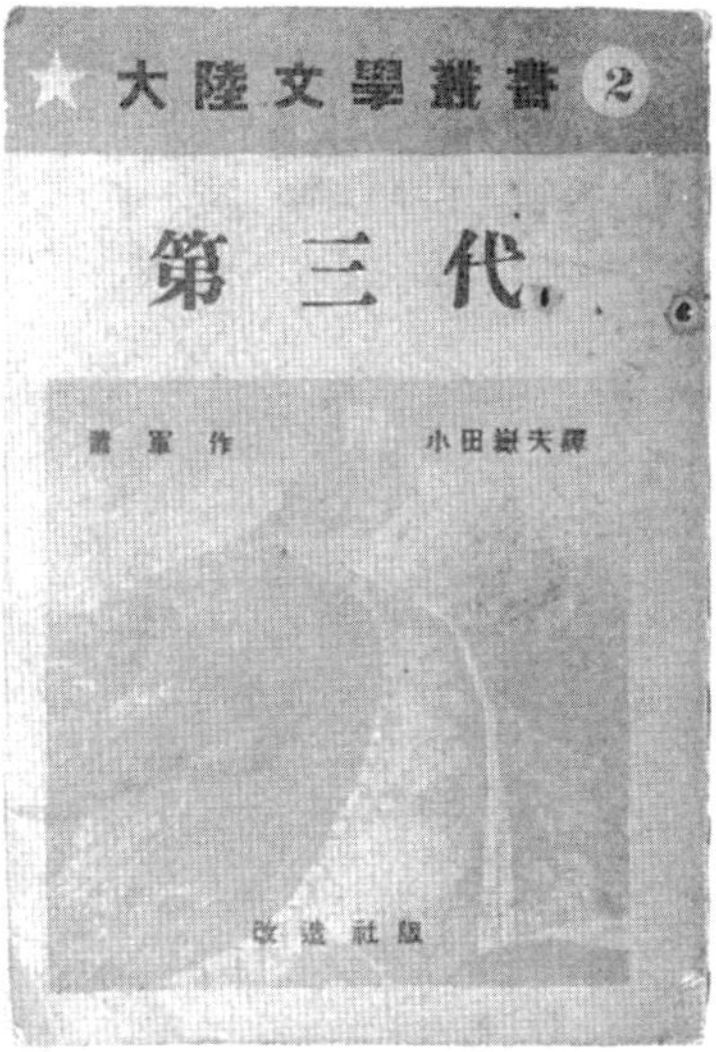

図18　蕭軍『第三代』

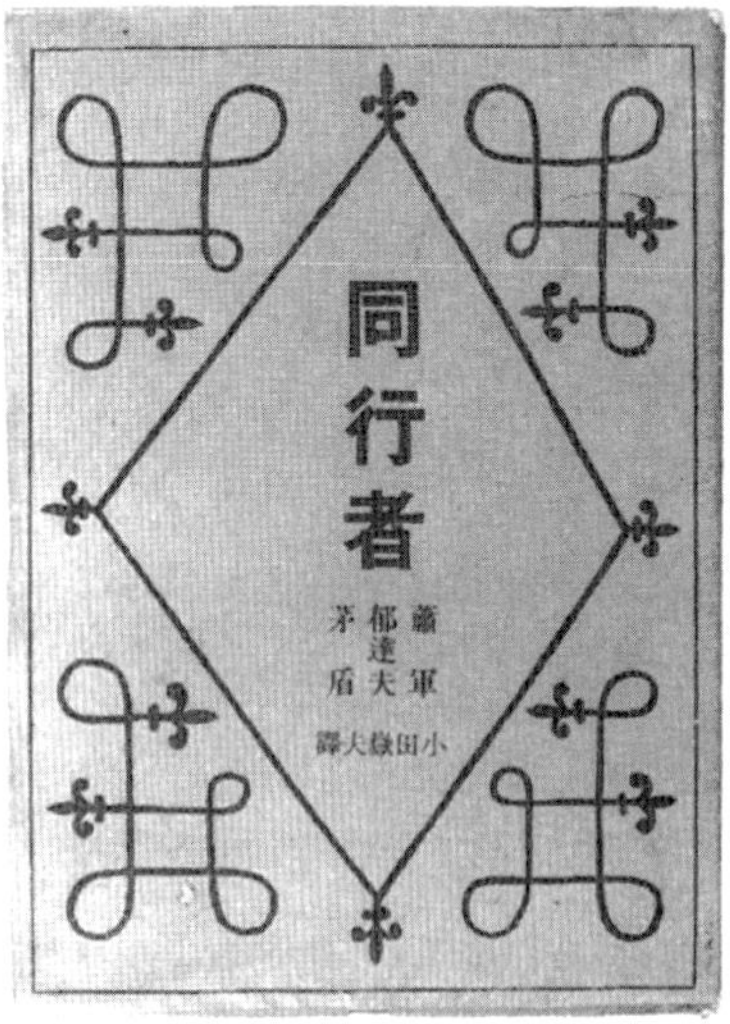

図19　蕭軍・郁達夫・茅盾『同行者』

作家は共に支那に於ける第一流の作家」であると述べている。

『第三代』の訳者後記では「蕭軍は現代支那文壇に於いて最も多く働らき、又最も多く将来を嘱望されてゐるまだ三十歳位の新進作家である。くはしい経歴はわからないが、学歴は高級中学程度、満洲出身で、一時満洲で軍務に服してゐたことがあると言ふ」と書かれており、蕭軍が「満洲」と深い関わりをもっていることを明らかにしている。しかし、古丁《こてい》や山丁《さんてい》、爵青《しゃくせい》、小松《しょうしょう》、呉瑛《ごえい》たちが満洲国の文化政策に呼応するような「満洲文学」を書き、後に漢奸作家として弾劾されたのとは違って、彼は死ぬ前には中国作家協会の顧問、北京分会の副主席という要職を占めていたことからわかるように、中華人民共和国の文学者として高い評価を受けていたのである（解放後、文革時にはその政治傾向が批判の対象となることはあったが）。

山丁は、一九三三年の冬にハルピンへ行き、長年仰慕していた蕭軍、蕭紅の二人（二蕭とよんだ）と初めて会った時のことを回想している（「東北郷土文学の開拓者——蕭紅」）。それは彼らが作品集『跋渉』を出した後のことで、十九歳の山丁は二十五歳の蕭軍、二十二歳の蕭紅と親しく話をし、ハルピンの街へ出て記念の写真を撮ったりした。山丁は彼らを「プロレタリア作家」と呼んでいた。地主階級に反対し、日本の帝国主義に抵抗する彼らの作品の主題は、十九歳の山丁にはきわめて革命的なものと思えたのである。

しかし、一九三一年の満洲事変、三二年の満洲国成立以降、その支配地域で強められていた日本帝国主義の白色テロは、ハルピンを中心に『夜哨《やしょう》』や『文芸』といった雑誌で抗日・反日の文化運動を行っていた蕭軍、蕭紅たちの満洲国での活動を逼迫させ、ついに彼らは満洲から脱出する。また、彼らと同志的な関わりのあった金剣嘯《きんけんしゅう》（一九一〇〜三六。代表作に詩「興安嶺の風雪」がある）は、ハルピンで抗日の文学活動を行ったが、一九三六年八月にチチハル郊外の刑場で銃殺された。

一九三四年の秋と記憶する。蕭軍と蕭紅はハルピンを離れる前、私に言って聞かせた。「新聞の付録は頼りにならない。今後の創作上の問題は一つには単行本を出すことだ。二つは郷土の現実を暴露することから始めることだ」と。その後、金剣嘯は私に言った。「適者生存」と。魯迅先生もかつて説いたことがある。「沈黙！　沈黙の中に爆発がなければ、沈黙の中に滅亡があるのみ」と。（中略）

当時、『藝文志』という文学刊行物を出していたことから、その名のある藝文志派の中心メンバーは、偽国務院統計処の官吏で、文芸家協会を牛耳っていた。彼等の提言した「方向のない方向」は人の耳目から、その企みを隠し、彼等の創作が方向を持っていないように信じさせたが、実際には日偽による日本文学の移植のために地ならしするものだった。

山丁の「『郷土文学』論争から大東亜文学者大会まで」（『文学・社会へ　地球へ』一九九六年、三一書房）という文章の一節である。「偽国務院統計処の官吏」が古丁を指すことはいうまでもないだろう。「郷土文学」論争を通して山丁は古丁と対立的な関係にあった。山丁にいわせれば、蕭軍、蕭紅たちの「プロレタリア文学」は、古丁たちの「日本文学の移植」としての「満洲文学」とは根本的に違っていた。それは「郷土の現実」すなわち満洲国の現実を暴露することであり、そこから農民階級を目覚めさせ、植民地支配の日本帝国主義への抗日運動へと人々を盛り立ててゆくエネルギーを駆り立てることだったのである。「満洲文学」に対する「郷土文学」とは、まさにそうした抵抗、反撥、抗争を視野に入れたものにほかならなかったのだ。

農民文学

では、それはいったいどんな作品なのだろうか。「同行者」という短篇小説は、こんなあらすじである。〈僕〉は烏拉街《うらがい》から舒蘭城《じょらんじょう》へ行く山路の途中で一人の男と連れ合いになる。彼は水曲柳崗《すいきょくりゅうこう》まで行くといい、一八〇里（日本里数では三〇里）の道のりをいっしょに行こうという。〈僕〉はあまり気乗りのしないまま、この男と同行することになる。途中で若い細君のいる家に泊めて貰うが、その細君と亭主と男とは、昔からの知り合いのようだった。翌日、出立した彼らは雨に降られ、雨宿りのできるところを探そうとする。〈僕〉は山麓の林のあるところの家へ行こうと主張するが、男は反対する。そこは「大地主」の家で、そんなところに近づいたら鉄砲で撃たれるというのだ。その言葉に承伏しない〈僕〉は試しに行こうとして、発砲され、ほうほうのていで老人のいる小さな小屋に転がりこんだのである。

その夜、篝火《かがりび》のそばで〈僕〉は男と話をし、昨夜泊めて貰った家の若い細君と男とは昔からの知り合いで、妻と子供をなくした四十の男は、十四の女と気持ちを通じ合わせた一夜のことを語る。だが、あまりの年の差もあって男は、別の男との結婚を女に勧め、自分はそこを離れて旅をしているのだという。翌朝、〈僕〉が目覚めた時には男はもう出発した後だった。〈僕〉はその家の老人の朝飯を食べて行きなさいという親切な申し出を断って路上に出てみるが、すでに男の足跡さえ見えなくなっていた。

作品の中で、〈僕〉がイライラした気持ちで、路傍の高粱《こうりやん》を棒で薙《な》ぎ払う場面がある。その時、男は「高粱に何の罪がありますかい、あんたたちのやうな人は……まつたくどういふ気持なんですかね……」という。「これは、あ、あんたのものぢやないでせう」と反撥する〈僕〉の言葉に、「誰のものだつていけません。これはお百姓の命ですぜ、この穂を見れややつと熟しかけて来たところなのをあんたがやつつけちやつたんだ」。

男が「お百姓」の側に立った人間であることは明らかだ。「あんたたちのやうな人」といわれる〈僕〉はまた「学校にゐた方」ともいわれる存在であり、知識階級、読書人という階層の人間であることが暗示されている。だからこそ、〈僕〉は正当な護照（旅券）があるから、警戒の厳しい大地主の家でも平気に行こうとするのだが、男は経験則的に、大地主という金持ちほど困った人間には不親切であり、猜疑心が強く、貧乏で下積みの人間こそ、親切に旅人をもてなしてくれることを知っているのである。

「同行者」という言葉が、特殊な意味での「同伴者」と同じ意味であり、「大地主」と「お百姓」という二項対立ならば、貧しい農民、「お百姓」の側に立ち、その同行者、同伴者になることの謂《いい》であることは明らかだろう。蕭軍のいう「郷土の現実」とは、まさにこうした「お百姓」たち、農民たちの現実を指しているのであり、それは頽廃したブルジョアジーの生活や、極貧層の希望も夢もない絶望的な世界を小説作品として描くこととは隔絶しているのである。

こうした蕭軍や蕭紅の「プロレタリア文学」というより、農民文学が日本に紹介されたのは、日本でもまだプロレタリア文学や農民文学が生き延びていた時代であり、一九四〇年代のように、軍国主義、帝国主義がすべての文化活動、芸術表現を強圧的に押さえ込もうとは、まだしていなかった時期であるということが大きいだろう。また、蕭軍と蕭紅は、暗雲の強まる満洲国の支配下を早く逃れ、そのファナチックな勢力範囲から脱出したということの意味も大きかっただろう。

蕭軍が描いたのはまさに満洲の農民たちである。しかし、彼は「満洲国」の農民を描いたのではない。そこに、満洲の農民たちの「同行者」であるという彼の思想的な位置がはっきりと反映されている。長篇小説『第三代』は、まさにそうした満洲の「お百姓」の中から生み出されてきた英雄を描こうとした試みであるといえるだろう。それは年下の同僚である梁山丁の『緑の谷』にもつながってゆく主題であり、まずそこには何よりも満洲という土地、風土で生き、死んで行く農民たちの姿が描かれているのである。古丁などの「満洲文学」者が結果的に、「満洲国」の日本人の「同行者」でしかなかったとしたら、蕭軍と蕭紅はそうした「満洲文学」を否定することによって、「満洲」の大地に立つ文学を生み出そうとしたといってよい。それが一九三〇年代から四〇年代へと移って行く過程において、古丁の作品の翻訳は刊行可能であり、蕭軍のものは不可能となってゆくということは、時代の趨勢として当然のことといえるのであり、むしろ『第三代』や『同行者』という邦訳本が出されたということに、私たちは新鮮な驚きを持つべきかもしれないのだ。

＊『**藝文志**』「満人（漢民族）」による「満語（漢語）」の文学、いわゆる満系「満洲文学」の発表媒体としての不定期刊のクォータリー雑誌が『藝文志』である。満洲地域における民族文学、すなわち「東北文学」の月刊雑誌『明明《ミンミン》』に集まっていた文学者たちの一部が藝文志事務室を組成し、一九三八年に第一集、三九年に第二集、四〇年に第三集を出した。古丁の『平沙』、小松の『蒲公英』、爵青の『麦』などの作品が掲載された。日本文学、日系の満洲文学作品の翻訳も多く、満系作家側からの「民族協和」の文学交流が行なわれたというべきか。

しかし満系作家には、基本的には、「満洲国」の国策的な文化行政、官民一体の文学活動には懐疑的、あるいは面従腹背的なものがあった。満洲国弘報処の肝煎りで作られた満洲文話会に加入を勧められたが、文学からしばらく遠離り、官吏や会社員として仕事に専念したいと発言した満系作家に向かい、長谷川濬《しゅん》が「日系も満系も手をつないで文学をやってはどうか」と発言したのを聞き、或る満系作家が「あの人には熱情はあるけれど、理智が不足ではあるまいか？」とぽつりと語ったことを、北村謙次郎が『北辺慕情記』のなかで紹介している。日系と満系の「満洲文学」者間の断絶は深かったのである。

在満朝鮮人の満洲文学

「満洲国」と朝鮮人文学者

諸類型

日本の植民地支配から解放された朝鮮半島の、南北に分かれた政体を代表した政治家は、満洲と深い関わりを持っていた二人の人物だった。一人は満洲国と朝鮮との国境地帯で「神出鬼没」のパルチザン・ゲリラの指揮者としてその名を喧伝された「金日成《キムイルソン》」であり、もう一人は「満洲国軍」の優秀な将校だったという「朴正熙《パクチヨンヒ》」である。「北」の国家主席と「南」の大統領。満洲に関わった朝鮮人の象徴ともいうべき二人だが、むろん朝鮮民族と満洲との関係は、この二人だけのケースではとらえられないほど多様で複雑なものをもっていた。農業移民、革命家、軍人、商人、留学生、流浪民、さまざまな職業、立場、目的をもって朝鮮人たちは鴨緑江《おうりよくこう》や豆満江《とまんこう》を渡り、間島《カンド》へ、

図20　鴨　緑　江

「満洲」へと浸透していったのである。

在満洲の朝鮮人文学については、いくつかの類型化が可能だろう。一つは、間島とよばれた朝鮮と満洲＝東北三省（黒竜江省、吉林省、遼寧省）との国境地帯に、朝鮮半島から移住してきた人々のなかから生まれてきた朝鮮語の文学である（タイプ1）。移民の一人として夫とともに間島地方に居住した姜敬愛《カンギヨンエ》は、近代朝鮮文学史において重要な位置を占める女性作家だが、その作品「塩」は、間島の朝鮮人移民の生活を描いたものである。また、安寿吉《アンスギル》の「北郷譜」や、金東仁《キムドンイン》の短篇「赤い山」などは北方を流浪する朝鮮人移民の郷愁を謳いあげた短篇小説として知られている。また、崔曙海《チエソヘ》の「脱出記」や、李泰俊《イテジュン》の「農軍」なども、間島地方へ移住した朝鮮人農民の厳しい生活状態をリアリスティックに描いた短篇作品として知られている。これらの作家、作品は、朝鮮文学史上にすでに欠かせない作品として登録されているもので、これを朝鮮人による「満洲文学」ということは不適当であると思われる。

図21　張赫宙『開墾』

二つ目は、満洲に住み着き、そこで主に朝鮮語で文学活動を行った人々である。彼らが創作活動を行ったのは、満洲国で出されていた朝鮮語新聞や雑誌に拠るもので、詩および小説のアンソロジーが出された（タイプ2）。一九四一年に新京の満鮮日報社から出された申瑩澈《シンヨンチヨル》編の小説集『芽生える大地』と、四二年に新京の第一協和倶楽部から出された『満洲詩人集』、そして間島省延吉街の藝文堂から出された金朝奎《キムチヨギユ》編の『在満朝鮮人詩集』である。この二つの朝鮮語詩のアンソロジーは、満洲国建国十周年に際して、その記念として発刊されたことが、それぞれの序文に明記されている。植民地支配下の朝鮮半島では朝鮮語による新聞、雑誌、書籍の発行が困難になっているなか、満洲国においては朝鮮語使用がまだ認められていたのである。

三つ目は、同じ在満朝鮮人の文学者であっても主に日本語によって文学活動を行った人々で、『満洲文藝年鑑』に収録された「同行者」を書いた今村栄治（本名・張《チャン》喚基《クアンギ》）や、創氏名だけで知られる青木黎吉、山本謙太郎などである（タイプ3）。

四つ目のタイプは、この三つ目のタイプに近いが、張《チャン》赫宙《ヒョクチュ》のような在日の朝鮮人文学者が日本語で書いたもの。『開墾』『曠野の娘』などの長篇小説がある（タイプ4）。また、日本人文学者だが、朝鮮人農民の満洲移民を主題とした『鴨緑江』という小説を書いた湯浅克衛、『満洲農村記（鮮農篇）』という記録を書いた板谷英生なども いる。

このように、大別すると朝鮮語による文学と、日本語による文学とに分けられ、もう一つの大きな分け方は、日本の満洲支配に対して抵抗的であるか、親日的であるかというイデオロギー的な区別であり、もちろん間島パルチザンとよばれた抗日派の朝鮮人たちが残した独立運動の記録、抗日歌謡などの「文学作品」がその最左翼であり、今村栄治、張赫宙などのものがその最右翼に属するものであることはいうまでもない。だが、多くの朝鮮人文学者は、その最左翼と最右翼とのイデオロギー的分裂のなかで、自らの書く言葉と場所とを見出すための努力を続けたのである。

この四つのタイプのなかで、もっとも振れ幅の大きいのが、タイプ2の文学者たちだろう。彼らは満洲国において、一応はその傀儡国家の成立を認めながら、民族的アイデンティティーを見失うことなく、朝鮮語による文学創作の道を歩んだ。しかし、彼らの多くは創氏改名した日本名をもち、時には「満洲国十周年」を慶祝する言葉を書いたのである。

微妙な立場

建国十周年の聖典。我々は敬虔な世紀の奇跡を抱いている。神恷《しんきゅう》と計画と経綸、そして生活。この中に道義の国、満洲国の建設があったのであり、それゆえまた我々の自負も大きいのである。（中略）我々はこの微少な誠実さなりとも輝かしき建国十周年を慶祝するとともに、大東亜新秩序建設に参与しようと思う。

『在満朝鮮人詩集』の序文の一部である。もっとも、この序文は朝鮮語詩集を満洲国で刊行するための、いわばアリバイとして書かれたものであって、編者の本心ではないと考えることもできる。「満洲国の建設」「大東亜新秩序建設」などの言葉が書かれているのはこの序文だけであり、詩集に収録された作品そのものには「建国十周年」を慶祝するような〝お目出度い〟ものは見当たらないのである。むしろ、郷愁の強さや、落魄《らくはく》や不遇の思いを歌ったようなものが多く、「王道楽土」や「五族協和」の精神を高らかに謳いあげたものは少ない。もちろん、まったくないということではない。

その時　この峠は
密輸する若者たちの
恐怖の関門だったのだが
今日　この峠には
五色旗（満洲国国旗）がはためき
重荷を担いだ若者たちの
うたう歌が響き渡り
豆満江の渡し場には橋がかかり
南のほうへつながる道は広がる……

（尹海栄《ユンヘヨン》「オランケ峠」）

ここに満洲国に住む朝鮮人たちの複雑で、微妙な立場がある。オランケとは「満洲族」を未開人として侮蔑的に呼ぶ言葉で、この峠を越えてオランケの世界へと足を踏み出すことは、朝鮮人にとって恐怖の体験にほかならなかった。五色旗がはためく満洲国が作られ、建て前はともかく、それまでのオランケ（女真族＝満洲族、しかしここでは「満人」としての漢民族を含めているると考えてもいいだろう）は、満洲という地域の主役ではなくなった。朝鮮人が「日本人」としてそこに移住、移動することが簡単になったことは、彼らにとって必ずしも否定すべきことではなかったのである。彼らは「五族協和」のスローガンの下、日本人と同等の権利、権限をもつ「半日本人」として扱われ、満洲人、蒙古人、白系ロシア人よりは優位的な位置にあり、その分だけ、地元の満洲人に対して抑圧的な態度に出た朝鮮人もいたという。

創氏名を持ち、「日本人」としての生活を送っていたタイプ3の文学者たちは、今村栄治が新京満日文化協会の嘱託で、満洲文話会の事務担当者であったことから分かるように、まさに日本人文学者たちの「満洲文学」建設に進んで加担、協力する立場にあったのであり、そこにタイプ2の文学者たちと微妙で、かつ鮮明な差違があったと思われる。

文学者たちの明暗

タイプ2に属する文学者たちの作品をあげておこう。作品集『芽生える大地』に収録された小説は、次のとおりである（蔡壎《チェフン》『日帝強占期　在満韓国文学研究』〈一九九〇年、キプンセム〉参照）。

その作品

金昌傑《キムチャンゴル》「暗夜」
朴栄濬《パクヨンジュン》「密林の女人」
申曙野《シンソヤ》「秋夕」
安寿吉《アンスギル》「暁」
韓贊淑《ハンチャンスク》「草原」

玄卿駿《ヒョンギョンジュン》「流氓《るぼう》」

黄健《ファンゴン》「祭火」

『満洲詩人集』に収録された詩人、および作品は次のとおりだ（呉養鎬《オヤンホ》『日帝強占期満洲朝鮮人文学研究』〈一九九六年、文芸出版社〉参照）。

柳致環《ユチファン》「手紙」「帰故」「哈爾濱道裡公園」

尹海栄《ユンヘヨン》「海蘭江」「オランケ峠」「四季」「渤海古址」

申尚寶《シンサンポ》「土のように生きる」「沙漠」「旅人宿」「乞人」

宋鐵利《ソンチョルリ》「炉辺吟」「桔梗」「北の空には」「追憶」

趙鶴来《チョウハンネ》「駅」「心紋」「彷徨」「満洲にて」

金朝奎《キムチョギュ》「P少年一代記」「胡弓」「室内」

咸亨洙《ハムヒョンス》「私の神は」「帰国」「私は一つの掌に」「悲哀」

張起善《チャンキソン》「新年の祈願」「朝」「雲」「夢」

蔡禎麟《チェジョンリン》「虫」「北へ行く」「夜」

千青松《チョンジョンソン》「先駆民」「古画」

朴八陽《パクパリョン》「季節の幻想」「愛すること」

また、『在満朝鮮人詩集』には、『満洲詩人集』とも何人か重複するが、次のような詩人とその作品が収録されている（呉養鎬『韓国文学と間島』〈一九八八年、文芸出版社〉参照）。

金《キム》達《ダル》鎮《チン》「龍井」「野」「菊花」「郷愁」「ホオズキの実」
金《キム》北《ブ》原《クオン》「夜を待つ」「看護婦」「山」「旗」「その広い野に」
金《キム》朝《チョ》奎《ギュ》「延吉駅にゆく道」「胡弓」「夜の倫理」「葬列」「南風」
南《ナム》勝《スン》景《ギョン》「北満素描」「井蛙」「奇童」「海賊」
李《イ》琇《ス》聲《ソン》「人間ナルシス」「娼婦の命令的海洋図」「未明の歌」
李《イ》鶴《ハン》城《ソン》「私の歌」「躑躅の花」「五月」「落葉」「星」
李《イ》豪《ホ》男《ナム》「新作路」「子供とコスモス」「独楽と独楽鞭」「村の停留所」「葡萄の蔓」
孫《ソン》素《ソ》熙《ヒ》「栗車」「闇の中で」「失題」
宋《ソン》鐵《チョル》利《リ》「私が歌う道」「落郷」「五月」
柳《ユ》致《チ》環《ファン》「生命の書」「怒った山」「陰獣」
趙《チョウ》鶴《ハン》来《ネ》「流域」「通りを行く心」「憧憬」「街灯」「春詞」
千《チョン》青《ジョン》松《ソン》「ドメ」「墓」「書堂」
咸《ハム》亨《ヒョン》洙《ス》「家族」「化石の峠」「蟻のように」「胡蝶の夢」

「満洲国」崩壊後の道

これらの朝鮮人文学者たちは、満洲国崩壊後、基本的には三つの方向へ自らの立場を転換させていった。一つ目は満洲に留まり、新中国の少数民族、朝鮮族の文学者として生き残る方向である。金昌傑《キムチャンゴル》は一九四九年に創立された延辺大学の教員となり、旧作を集めた『金昌傑短篇小説選集』などを一九八一年に刊行している。二つ目は、朝鮮民主主義人民共和国の成立とともに、北朝鮮へ渡り、そこで北朝鮮の文学者として出発する道である。『在満朝鮮人詩集』を編集した詩人の金朝奎《キムチョギュ》、小説家の黄健《ファンゴン》がそうであり、黄健は日本でも翻訳された長篇小説『ケマ高原』の作者として北朝鮮の代表的な小説家となった。三つ目が、この北朝鮮行きとは対立的に、大韓民国（韓国）を選び、そこで文学者として大成した人たちがいる。詩人の柳致環《ユチファン》、金達鎮《キムダルチン》、小説家としての孫素熙《ソンソヒ》、安寿吉《アンスギル》がそうであり、中国、北朝鮮、韓国と文学活動の場所を異にしながら、それぞれの文学世界を築きあげたのである。

もちろん、満洲国崩壊の混乱に紛れて、姿を没した文学者も多かった。「満洲の張赫宙」といわれ、京城で開かれた文学者の大会に満洲代表として出席した今村栄治は、文学者として本名に戻ることなく、歴史の荒波の中に消えてしまった。満洲時代につきあっていた日本人文学者たちとも何のコンタクトもなく、解放後、彼がどのような苦難の道を歩んだかはまったく知られていないのである。青木黎吉、山本謙太郎も、その朝鮮名が明らかとならないままに歴史の激動の波浪が、彼らを飲み込んでいってしまったのである。

懐郷と貧しさの物語

満洲の朝鮮人に関わる文学のタイプのなかから、具体的な作品をいくつか見てゆこう。最初は、タイプ1としての金東仁《キムドンイン》（一九〇〇～五一）の「赤い山」である（長璋吉訳注『金東仁短編集』一九七五年、高麗書林。および申建訳「赭い山」〈『朝鮮小説代表作集』一九四〇年、教材社〉）。この短篇小説は一九三二年に発表されたものであり、金東仁の民族主義的な作品としては代表的なものだ。主人公は「山猫」と仇名されている乱暴者で嫌われ者のチョン・イクホという朝鮮人であり、彼は朝鮮人小作人だけが約二〇戸ほど固まって住んでいる村にふらっと入り込んできて、賭博、喧嘩、言いがかり、女を襲うことなどで蛇蝎《だかつ》のごとく忌み嫌われているような男だった。副題に「ある医

金東仁

者の手記」とあるように、語り手は満洲を旅行している朝鮮人の医者で「余」と自称する人物であり、朝鮮人の村々を回ってそこにはびこっている病気を調査しているという設定となっている。

語り手の医者が村を発とうとした日、宋僉知という老人が満洲人の地主のところにその年の収穫物を納めにゆき、死骸となって帰ってきた。出来がよくないということで殴打され、骨をへし折られてロバの背にくくりつけられ、村に帰ったところで息絶えたのである。村人たちは激昂した。しかし、いざとなると地主に逆らうことの損と怖さを考えると、いきり立ったとしてもその先頭に立つ者はいなかった。語り手の「余」は「山猫」と会い、「哀れなやつよ。人間の蛭《ひる》よ。何の値打ちもないやつよ。ごくつぶしよ。寄生虫よ」と罵り、宋僉知が殺されたことを告げた。次の朝、「余」を呼び起こす声が聞こえたので出てみると、「山猫」が村の入り口で血まみれになって死んでいるという。「山猫」は腰をくの字なりに後ろに折られていた。まだ、虫の息のあった「山猫」は、「余」を見ると、「先生、あっしはいったんですよ」といった。「あの野郎——地主の野郎のところに」と。彼は「余」に罵られ、勇気を奮い起こして地主のところに恨みを晴らしに行き、そこで逆襲されたのである。「山猫」は死に際に「見てえんだ。あかい山が——それに白い衣が！」といい、「東海の水と白頭山が涸れ擦り減るまで——」という朝鮮の「愛国歌」(現在は韓国の国歌)を聞きたがり、「余」や村人たちの歌う「むくげの花　三千里／華麗な　山河」というコーラスを聞きながら死んでいったのである。

故郷の喪失

乱暴者で鼻つまみ者だった「山猫」の人間性のなかにも「民族主義」は脈々と流れていたのだという結論になりそうだが、この作品が朝鮮人の小作人と、満洲国人の地主という封建制度社会そのまま、というより奴隷制に近い民族差別社会を背景にしているということと、「山猫」の葬送曲としての「愛国歌」が、もちろん植民地支配下にあった朝鮮の独立、解放の願いを象徴していることに注目しなければならないだろう。中国人の地主と朝鮮人の小作人という関係を取り結ぶことは、着の身着のまま朝鮮半島から流浪してきた朝鮮人農夫(日本人による土地簒奪が朝鮮内で行われ、まるで玉突きのように貧しい小作農たちは間島や、もっと満洲の奥深くに流れてきたのである)にとって、好むと好まざるとにかかわらず、生きるための最低限の方法だったのである。

朝鮮人の間島進出は、もちろん満洲の農民たちと衝突や葛藤をもたらした。金東仁は「いも」という作品の中でも、中国人地主の残虐さ、非人間性を描き出しているのだが、本当にそうした中国人と朝鮮人の民族間対立を書きたいと思っていたのか疑問である。彼が書きたかったのは、地主との抗争にあっさりと負けて、その死に際に「愛国歌」を聞きたがるというその「愛国心」、民族主義についてのテーマではなかっただろうか。

朝鮮と中国人の民族的紛争の根本原因が、朝鮮人の故郷における土地の喪失、すなわち東洋拓殖会社や満洲拓殖会社といった帝国主義日本の土地政策にあるということは、もちろん絶対に植民地において語られるはずのないタブーの領域にあることだった。「赤い山」も、これが直接的に日本人地主と朝鮮人小作人の関係であったり、東拓などとの関わりであったとすれば、植民地下の朝鮮で創作されることはともかく、発表されることはまずありえなかっただろう。つまり、金東仁は中国人と朝鮮人という民族対立を描きながら、その背景にある朝鮮人の故郷喪失、土地喪失ということを曖昧化し、不問に付すことによってようやく作品を成立させることができたのである。

姜敬愛の「塩」

姜敬愛《カンギョンエ》（一九〇七〜四三）の「塩」（初出は一九三四年の『新家庭』五〜十月号。邦訳は長谷川由起子〈めんどりの会編訳『ガラスの番人』一九九四年、凱風社〉所収）は、やはり間島地方へ移民してきた朝鮮人女性のすさまじい「生」の姿を描き出した作品である。中国人地主パンドゥンから土地を借りて、ほそぼそと畑仕事をしていた「ポンヨミの母ちゃん」とその夫は、共産党、保衛団（中国人地主の傭兵。

しばしば無頼集団化した)、馬賊団(中国人の盗賊)、自衛団(共産主義勢力からの自衛を目的とした朝鮮人組織、実質的には朝鮮人農民に金品を強要する暴力集団)などの集団からかわるがわる被害を受ける、みじめな朝鮮人移民だった。彼らは「ひさごだけをいくつか持って故郷を出た」のだが、その移民先の間島においても、中国人地主とさまざまな暴力集団から収奪され、搾取されるという生活を送らざるをえなかった。

ある日、夫は武装集団の銃撃に巻き込まれて射殺され、その葬儀を終えた後、長男のポンシギは行方不明になった。「ポンヨミの母ちゃん」は娘のポンヨミを連れて、パンドゥンの家の世話になるが、パンドゥンに暴力的に冒され、妊娠する。町で、ポンシギが共産党分子として銃殺されるのを目撃したパンドゥンは関わり合いになるのを恐れて、ポンヨミ母子を追い出す。見知らぬ農家の納屋でポンヒを産んだ「母ちゃん」は、二人の娘を借家に住まわせ、自分は住み込みの乳母という生活をするが、母親から面倒を見られない二人の娘は、その留守の間に腸チフスで死んでしまう。子供をすべて失った「母ちゃん」は、生きてゆくために、男たちに混じって「塩」の密輸に加わり、惨憺たる旅をして塩を運んでくる。しかし、それを売る前に警官に踏み込まれ、塩の密売人として捕まってしまう……。

異民族としての中国人からだけではなく、同族の朝鮮人からも収奪され、被害を受ける朝鮮人農民。そこにさらに抑圧民族の男から性暴力を受ける被抑圧民族の女という二重、三重の抑圧構造があることを姜敬愛の作品は示している。貧しい朝鮮人女性は、そうした抑圧構造の最も下層に存在するのであり、そこでは、被抑圧民族の女の母性、女性性は、何ら積極的な価値を持たず、むしろより惨めな境遇へと彼女を転落させてゆく要素としかなっていないのである。

「赤い山」にしろ「塩」にしろ、直接的には中国人地主と朝鮮人農民との葛藤、角逐を表面的な主題としている。しかし、「塩」では朝鮮人女性を主人公に据えることによって、たんに民族間の葛藤だけではない、構造的な抑圧―被抑圧関係を立体的に浮かび上がらせることに成功しているのであり、そうした被害の構造の最初の部分には「故郷」の土地を奪われるという原因があり、最後の部分には「塩」の専売という政治権力があることを暗々裏に語っている。つまり、「塩」の主人公を悲惨な状態に陥れる元凶は、やはり植民地支配という暴力装置にほかならないことを暗示しているのである。それはたんに郷愁の問題に収束されてしまう「赤い山」と較べて、「塩」がもっと多層で、多様な「植民地」としての満洲、間島地方をとらえていた証明になるものと思われる。

金昌傑

タイプ2から、金昌傑《キムチャンゴル》の「暗夜」（李仁順《イインスン》訳——『「昭和」文学史における「満洲」の問題　第三』早稲田大学教育学部杉野要吉研究室）という作品を見ておこう。前述したとおり、彼は中国の朝鮮族という「少数民族作家」としての道を歩んだ文学者である。「暗夜」は、マドガン（間島）に移住してきた朝鮮人農民の息子であるミョンスニという二十二歳の貧しい若者が主人公で、彼は同じ村のコプニと恋仲となっている。しかし、貧しいコプニの家では、借金の返済のために、跡継ぎを欲しがっている高齢の尹主事に彼女を「売ろう」とする。薪をチゲで背負って街へ売りに出るくらいの収入しかないミョンスニには、とうていコプニの家の借金を肩代わりするだけの金はない。コプニの親が金を借りている崔ヨンガムは、娘を売って金を貯め、それを人に貸すという商売をしており、「ふん、この野郎、娘を売って作った金を失うものか。娘を売ってようやく貯めた汚い金だぞ」と自慢話のようにいう人間であり、コプニの親に娘を売ってでも金を返せと迫るのである。思いあまったミョンスニは、親も家も棄てて、コプニと村から逃げ出そうと待ち合わせをするのだった。

　間島に移住した朝鮮人農民の貧しさが描かれているという意味では、金東仁の「赤い山」や姜敬愛の「塩」、崔曙海の「脱出記」などと共通しているが、ここには中国人、日本人といった異民族との葛藤や軋轢は表面には立たず、娘を売るという非常手段でしか金を貯めることも、借金を返すこともできないという朝鮮人移民の絶対的な「貧しさ」が主題なのである。ミョンスニの母親が慶尚道《キョンサンド》訛りを残していることからわかるように、彼らは慶尚道出身者であり、間島への移民としては比較的新しい層に属する。娘を売って経済的基盤を作った崔ヨンガムは、彼らよりは移民として先んじているわけで、間島移民も時代や時期によって階層差が生じてきていることを表している。「暗夜」のミョンスニとコプニとは、家や村からの逃亡を決意するわけで、それは止むにやまれぬ選択でしかないのだが、そうした結末の積極性は他の作品に較べ、評価に価するものであるように思われる。

＊**金昌傑**《キムチャンゴル》　一九一一〜。咸鏡北道で生まれるが、一七年、家族とともに延吉県に移住した。中学中退後、ソ連、満洲、朝鮮半島を放浪する生活を送った。延吉県に戻って小学校教員となり、解放後は延吉大学朝鮮語学部の教員となる。三六年、「ムビンゴル伝説」を発表以来、多くの小説を書き、中国作家協会会員になり、中国の朝鮮族文学者の代表的存在となった。作品集として『金昌傑短篇小説選集』がある。

モダニズム詩の実験場

詩と詩人たち

タイプ2の文学者たちが、いわば面従腹背のスタイルで、朝鮮語の文学作品を発表し続けてきたことはすでに述べた。在満の詩人たちが自分たちの作品の発表舞台として多く拠った『満鮮日報』は、一九四五年まで朝鮮語新聞として存続を許された新聞だった。これは新京の『満蒙日報』と、間島《カンド》地方の中心地だった龍井の『間島日報』を言論統制政策に基づき、一九三七年（康徳四）十月に統合させて創立した新聞であり、増加の一途をたどる朝鮮人の移住民に、満洲国の建国理念を吹き込み、また満洲国の施策を弘報するために国策として発刊されていたのである。そのために、朝鮮本土では『朝鮮日報』や『東亜日報』のように、強制的に廃刊させられて姿を消してしまった「朝鮮語新聞」が、傀儡《かいらい》国家の満洲国では生き延びたといういささか奇妙に思える結果となったのである。

この『満鮮日報』の文芸欄に、朝鮮人文学者たちの作品が数多く掲載された。呉養鎬《オヤンホ》の『日帝強占期　満洲朝鮮人文学研究』（一九九六年、文藝出版社）に資料として付された「〈満鮮日報〉文芸欄　詩抜粋」には三四人の詩五二篇が収載されている。『在満朝鮮人詩集』に収められた詩作品も、この『満鮮日報』文芸欄を初出とするものが少なくないのである。この『満鮮日報』に掲載された詩篇はスタイル、内容とも多様であり、それを統一的に解釈したり、そこから共通する性格を取り出したりすることは不可能である。たとえば、咸亨洙《ハムヒョンス》の「正午のモーラル」（一九四〇年六月三十日）という詩はこんなものだ。

モーラルは笑った　すべての涙のうしろで
モーラルは泣いた　すべての笑いのうしろで
モーラルは怒った　ひき臼の製粉所で
モーラルは寝そべった　曲馬団のロープで

モーラルは歌をうたうトッカビ（お化け）なのか
モーラルは歌をうたわないウグイスなのか
または
モーラルは卵の都市計画
——卵を飲み込むD嬢の大きな口

目を開ければ　私の机のうえ
ガラスコップのなかには　苦悩花の花が咲き
ガラスコップのうえには　雲が廻る
（後略）

モダニズム風の実験的な詩というべきだろうか。関東州の大連が日本のモダニズム詩の実験場だったとしたら、満洲国の「新京」は朝鮮語の詩人たちにとって、モダニズムの一つの拠点でありえたのかもしれない。安西冬衛《ふゆえ》や北川冬彦は、同人詩誌『亜』を出して、日本的な風土から切り離された、植民地的な、西欧とアジアと日本との混在した奇妙な

「モダン」な風景を満洲に見出した。それと同じように、朝鮮人の詩人たちは、尹東柱《コンドンジュ》が日本へ渡ってそこでこっそりと朝鮮語の詩を書き続け、李陸史《イユクサ》が北京で詩を書いていたように、植民地下の「故郷」を離れ、むしろ異郷で彼らの「新しい詩」を書き続けていた。彼らは東京、北京、新京といった異国の都市に「亡命」していたといってよいかもしれない。咸亨洙の詩作品のなかの「モーラル」とはmoralのことだと思われるが、植民地「満洲」でのモラルの欠如やその似非《えせ》道徳性を揶揄したものとも考えられるが、社会への諷刺や皮肉にしても、きわめて屈折した、難解な表現でしかそれを言い表すことができないことが、彼らの詩を「モダニズム」たらしめたといってもよいかもしれないのだ。

郷愁と「恨」

しかし、『満鮮日報』の詩壇の特徴を示しているのは、やはり異郷をさまよう朝鮮人移民や旅人の郷愁や懐郷を謳いあげるもので、そこに北方の旅情、北国の哀感や哀愁の情緒を滲ませるものが一般的であったといわざるをえない。たとえば、一九四〇年一月十三日の紙面に載った張仁錫《チャンインソク》という詩人の作品（これは募集した詩の当選作の佳作だったということだから、張仁錫は「新人」詩人だったのだろう）「北方の詩」は、こんなものである。

北風が胸をキリキリと刺す夜
私の旅情は　孤独に北方をさがし求めてゆく

あの故郷　白樺林の森の中には
一日中　カラスが悲しげに鳴き
礼拝堂の見える　夕暮れの風景は
私の浪漫性を育んでいった

国境では一日も何度も
素朴な伝説を乗せた橇が行き来した
少年の私は指を口にくわえて
人知れず　峠の上で橇と別れた
その時　真珠のような涙が頬を流れた
母さんは鼻水を啜《すす》りながら

小さなオンドル部屋で童話を聞かせてくれた
私は母さんの膝に守られ
子守歌を聞くように　いつしか眠り込んだ

星座の色彩が大理石のように冷ややかな夜
私の旅情は　今日もまた淋しく
追憶をとどめてきた北方をさがし求めるのだが

この詩の中の「郷愁」は、いわば典型的な朝鮮の「故郷《コヒャン》」のイメージを根拠としている。「母さん」「オンドル部屋」「童話」「子守歌」という、失われた幼年期の追憶は、李元《イウォン》寿《ス》作詞、洪蘭坡《ホンナンパ》作曲の童謡「故郷の春」と共通するものだし、「淋しさ」「悲しさ」「旅情」「夕暮れ」「夜」というセンチメンタリズムは、一九二七年に高福寿《コボクス》の歌によって大ヒットした「他郷暮らし（タヒャンサリ）」や、白年雪《ペクニョンソル》の「旅人かなし（ナグネソルム）」また、金貞九《キムジョンク》の「涙に濡れる豆満江《トウマンガン》」などの大衆歌謡曲の世界と感情的に通底しているものといえるだろう。植民地支配下の朝鮮人の「郷愁」は、独立国であった「朝鮮国」への追憶であり、被支配民族としての自分たちへの悲哀、自慰であり、そして植民者、宗主国である日本人、日本への密かな「恨《ハン》」の表現にほかならなかったのである。

朝鮮人の日本語文学

「同行者」

「満洲文学」としての朝鮮人の文学ということを考えれば、タイプ3、あるいはタイプ4の、朝鮮人による日本語の文学作品のことを無視するわけにはいかない。しかし、これらの作品は現代の韓国の文学史、あるいは北朝鮮の文学史において、「親日派文学」であり、反民族行為の文学として否定、あるいは無視されているのが普通であり、研究、批評はおろかテキストの復刻、復刊もなされず、「暗黒期の文学」として黙殺されている状態に近い。日本においても、これらの文学作品が研究や批評の対象に取り上げられたことはほとんどなく、また、こうした「日本語文学」の存在が認識されたことは近年に至るまでなかった。一九九六年（平成八）に新宿書房から出された黒川創編『〈外地〉の日本語文学』（「朝鮮」「台湾・南洋・南方」「満州・内蒙古」全三巻）はその意味では画期的なものだったが、そこに収録された在満の朝鮮人文学者の作品は、今村栄治「同行者」のただ一編だけだった。

奇しくも〈「満洲人」による満洲文学〉で取り上げた蕭軍《しょうぐん》の作品と同題のこの作品は、満洲の満洲人（中国人）と朝鮮人（当時は国籍的には日本人）との立場の違いを期せずして浮かびあがらせているようだ。今村栄治の「同行者」の筋立てを簡単にいうと、朝鮮人でありながらすっかり日本人化した申重欽という男が、兄の住んでいる満洲の田舎に日本人の同行者といっしょに荷馬車の便に乗って行くというもので、彼は途中で朝鮮人の「匪賊」（〝不逞鮮人〟）に襲われることを恐れ、気の利いた同行者を求めていたのだ。だが、結局相手となったのは朝鮮服を着た日本人の老人であり、日本人に同化しながら日本人になりきれない朝鮮人と、朝鮮人のふりをした日本人という奇妙な「同行者」となったのである。小説の結末は、匪賊たちにとり囲まれ、申重欽を彼らの仲間だと思い、彼に短銃を突きつける日本人の老人の手からそれを奪い、「ぢつとしてゐろ、でないと、きさまから先にうつぞ！」と怒鳴りながら、近づいてくる匪賊たちに申重欽が短銃を構えるというところで終わっている。

蕭軍の「同行者」が階級闘争における「同志」的な意味合いをもたせているのに対し、今村栄治の「同行者」はあくまでも「同床異夢」の関係にあり、むしろ敵対する関係の日本人と朝鮮人とを無理矢理「同行」させているといえる。それはまさに「五族」として強制的に運命の「同行者」とされている、被支配民族の立場を暗に示したものと思われるのだ。ただし、そこで敵対しているのが朝鮮人同士（〝不逞鮮人〟と申重欽）だということもいっておかなければならないだろう。タイプ1・2の在満朝鮮人文学が、その民族的な葛藤や対立の相手先として、主に中国人（漢民族）を想定しているのに対し、タイプ3・4の場合は、同族同士の対立、緊張がそこに現れてくるのであり、それは「満洲国軍」の若い将校としての朴正熙《パクチョンヒ》と、パルチザン・ゲリラの金日成《キムイルソン》の立場の違いのように、同族間の「戦闘」へと発展しかねないものだったのである。

朝鮮人と中国人

張赫宙《チャンヒョクチュ》（一九〇五〜）の『開墾』（一九四三年、中央公論社）は、タイプ4ということになるが、これは李泰俊《イテジュン》の「農軍」（『福徳房』鄭《チョン》人澤《インテク》訳、一九五五年、東方社）や伊藤永之介の「万宝山」と同じく、いわゆる万宝山事件を題材としたものであり、それは満洲国建国に至るまでの日・中の武力衝突事件の一つだった。ただし、柳条湖事件や盧溝橋事件などとは違い、日中の軍隊間の衝突ではなく、低湿地帯の開墾のために用水路を作ろうとする朝鮮人の移民農夫たちと、先住の中国人農夫たちとの衝突事件であり、それに移民制限を行い、続々と入り込んでくる日本人と朝鮮人（この頃は「内鮮一体」であり、朝鮮人も「日本人」だった）を排除しようという中国側の、抗日運動の気運を盛り上げるという政治的意図を孕んだ地方政府の思惑や、中国人地主たちの利害が絡み、さらに日本領事館の官僚や警察官が朝鮮人農民をバックアップするという「民族的」対立へと発展していったのである。

張赫宙は、むろん朝鮮人農民を主人公にして、一貫して彼らの側に寄り添った立場からの視点でその作品を作り上げている。勢い、朝鮮人の移民を阻止したり、彼らの収穫物や財産を略奪する現地の「匪賊」たちの行いが、いかに徹底して苛酷であり残酷であったか、中国人の官僚や地主、ブローカーといった人物が暗躍し、いかに貧しく、悲惨な朝鮮人農民から悪辣に利益を得ようと奔走したか、が中心的なストーリーとなるのはやむを得ないことかもしれない。

用水路や運河を切り開き、それをうまく使って水田開発を行う朝鮮人農民と、畠作中心の満洲人（漢民族）農民との間では、最初から農業そのものについての考え方が異なっているといってよい。朝鮮人農民が河の堤防の一部を破って、自分たちの畠の真ん中を通し用水路を作るということは、先住の満洲人農民の畠を使えなくさせるということでもあり、何よりも洪水の危機を招き寄せかねないと、河の氾濫、洪水の恐怖を肌で覚えている満洲人農民たちは懸念せずにはいられなかったのである。むろん、そういう対立を暴力的な対決に至るまで煽った張本人は、満洲事変を引き起こすことによって、満洲国建国にまで一気に戦闘を拡大しようとしていた関東軍だったといってよい。朝鮮人、満洲人の貧しい農民たちは、そうした政治的策動のための傀儡《かいらい》となって血を流しあったのである。

移民たち

ところで、同じ万宝山事件を素材として扱っていても、李泰俊《イテジュン》（一九〇四〜？）の「農軍」では主人公の柳昌権は、一家で満洲へ移民するのだが、その原因は「畠と言つてもみんなで三百二十円しかな」らず、それでは食べてゆけず、「小作もやつて見ましたが、ひどいのは手間賃にも」ならず、妻の紡績工場での働きを合わせても生活するのが困難という状況だったからだ。昌権は長春行きの列車の中で刑事に尋問され、そう移民の動機を語るのだが、日本人だと思われる刑事はそうした昌権の深刻な状況の説明を「煩さいっ」と怒鳴るのである。つまり、昌権が自分たちの苦境を語れば語るほど、それは「日韓併合」後の日本側の悪政を語ることであり、朝鮮人移民たちは日本の植民地支配の犠牲者となって、故郷から追われ、満洲へと流浪しなければならなかったことを暗黙に物語っている。

だが、その処女作として、日本人の農民が朝鮮半島の農耕適地に流入することによって、伝来の田畑を失い、流民化する朝鮮人農民の困窮を描いた「追われる人々」を書いた張赫宙は、『開墾』のなかでは、主人公の三星たちが故郷の慶州を離れたのは、彼の父の放蕩によるものであり、「その恵まれた身分と親譲りの財産を費ひ果して、移民の群に加はつた」という、いわば個人的な原因として、矮小化して設定しているのである。しかし、八十数名にのぼる移民団全体がそうした個人的な事情で故郷を離れる（追われる）にはもちろん社会的な要因が強く働いていたはずで、張赫宙の小説はそうした移民の本当の原因を曖昧に糊塗しているといわざるをえない。

李泰俊の「農軍」が日本の朝鮮支配に対する間接的な批判となっているのに対し、『開墾』は、朝鮮人側からの日本軍による満洲支配の「翼賛」にしかなっていないのは、なぜ朝鮮人農民たちが満洲へ移民し、現地の満洲人農民と対立的な関係にならなければならなかったのかという肝腎の問題をないがしろにしたからだ。その意味では日本人作家の伊藤永之介の「万宝山」のほうが、そうした対立にまで追いつめられてゆく朝鮮人農民の状況をリアルに描き出している。『開墾』は作品のなかでもいたずらに満洲人農民（あるいは匪賊）と朝鮮人農民との対立を煽るような場面が多く設定されており、その意味では「五族協和」の理念を側面から裏切っており、逆説的にその理念の虚妄性を暴き出している。もちろん、それは作者・張赫宙の意図したこととは違っているだろうが。

白系露人の満洲文学

亡命者たちの文学

満洲のロシア人

一九一七年、帝政ロシアは倒れ、レーニンらボリシェビキの率いる革命政権が誕生し、「ソヴィエト社会主義共和国連邦」が成立した。労働者と農民の祖国と言われた地球上初めての社会主義政権である。帝政ロシアを支えていた貴族たち、地主、ロシア正教の宗教者たち、赤軍と対抗した白衛軍としてのロシア軍の将校、兵隊たち、コサック兵たち。夥《おびただ》しいロシア人が「赤い祖国」ソ連を追われ、あるいは亡命し、あるいは国外へ避難した。陸続きの満洲へ向かう人々も少なくなかった。ロシアと満洲の国境地帯、三つの河が流れているところから「三河地方」とよばれている大興安嶺に続く寒帯樹海の地域、草原地帯にはロシア人たちが移住してきた。

図22　ハルピン

もちろん、もともと北満地帯にロシア人は十八世紀以前から南下し東漸してきていた。ハルピンがロシア的な都市として形成され始めたのは十世紀からのことであり、キタイスカヤ通りにはロシア式の建物、デパートや教会、ホテルや店や石畳の街路が建設されたのである。満洲のロシア人は一九四〇年頃で約六万人といわれ、満洲国の全人口の約〇・一六％程度だった。「三河地方」、ハルピン、そして旧教徒（ギリシア正教以前のキリスト教信者）の白系ロシア人の村落として有名だったロマノフカ村などの地方が満洲における白系ロシア人たちの居住地だったのである。

狩猟民、農民、都市生活者とそれぞれ生活形態は多様だったが、エミグラントとして異民族の多い国に住み、祖国・母国に帰ることを諦めざるをえない失郷民の悲哀の影を背負った人々。彼らは、それぞれの自分たちの住み処《か》の地を「ロシア」的なものにしていった。とりわけ、ハルピンはそうした白系ロシア人たちの亡命の地の中心として、赤化されたソ連ではものすごい勢いで排撃、破壊されていった「古き、良き時代」のロシア文化が保存され、生き残っている都市として憧憬の地となってい た。日本人たちにとっても、西欧文化への「北の窓」として、また特別な意味をもつ都市だったのである。

別役《べつちゃく》憲夫《のりお》は、「白系露人は満洲の野に咲いたただ一輪のヨーロッパ風な花のやうなものである」と書いた（「白系露人点描」『藝文』一九四三年〈康徳十〉二月号）。さらに彼は「哈爾濱の街を歩いて一番目につくのは薬局と靴直しの店とそして図書館の多いことである」とも書いている。図書館というのは、会費制の図書館、すなわち貸本の倶楽部のようなものだが、別役憲夫はロシア人がいつもきちんとした靴を履き、よく本を読んでいることに感心しているのである。劇作家・別役実の父親だった別役憲夫は、高等検察庁思想課に勤務していた検察官だったが、東京外語大のロシア語科を出た芸術や演劇・文学の好きな人物で、長谷川濬《しゅん》などといっしょに雑誌の発刊計画を練ったり、役者として芝居を上演したり、また、ニコライ・バイコフの『偉大な王』の原書をいち早く手に入れ、訳者となった長谷川濬に贈ったのも彼だったのである。そうした「ロシア贔屓《びいき》」の日本人たちにとって、ハルピンはまさにヨーロッパの香りのする花の町だったのである。

「馬家溝」

だが、本質的にエミグラントである白系露人たちの間で、故国でと同様に文化活動や、文学の創作活動がなされるはずもなかった。ドストエフスキーやトルストイ、チェホフを生み出した近代ロシア文学は、あくまでもロシア社会のブルジョア層やインテリ層、せめては学生や小市民という受容層、読者層をそなえていたのであって、ハルピンなどの都市以外では、ロシア文学のマーケットといったものの成立はおぼつかないものとしてあった。ソ連邦崩壊以後、亡命作家たちの復権が行われたが、「ロシア文学ハルピン派」ともいうべきこれらのハルピン在住のロシア人文学者の本格的なアンソロジーは、一九九一年に編まれた『ハルピン、ロシアという木の一枝だ。散文、詩』と題されものだという。散文ではバイコフ、ボリス・ユーリスキイなど九人、詩ではアルセーニイ・ネスメーロフ、ワレーリイ・ペレーシンなど二七人の作品が収録されている。彼らはハルピンで発行されていた『ルベージュ（国境）』という紙質の悪い薄い文学雑誌を「かけがえのない発表手段」として、ロシア文学の伝統を異国の、異郷の地において絶やすまいとしていたのだ（中村喜和「よみがえるロシア文学ハルビン派」『朱夏』第六号、一九九三年、せらび書房)。いずれにしても、原稿料や印税では彼ら白系ロシア人文学者たちは、満洲では暮らしてゆけないことは確かだったのである。

ゆきがふると街は　こわれた石だたみのラフカも　早じまいするのであった

ゆきはアレクセイのドームに降り　バイコフの屋根にもふった　カートンキのまるい
足跡もつかない雑木林　蒼い夜　いっさんにふりつむもののしたに　みんなとじこめ
られるのであった

ゆきがふると公園のかたすみ　ちっちゃな食堂で　髯の婆さんがもってくるボルシチ
で　ウオトカの小瓶をやりたくなり　ブーブリキを頬ばりたくなるのであった

ゆきが降るとひとなつかしく　ひとはすべてあてどなく　はかなく　かぎりなく　ま
あるく黄ばむ灯りばかりが　それもやがてケーキのように　かすんでくるのであった

ゆきはクバンカから頬へ　よろける肩に　ふりつむのであった

『作文』同人だった大野沢緑郎《ろくろう》の「馬家溝《まあじあこう》」という詩である（『遥かなる黄昏に』一九九年、花神社）。注がついていて、「ラフカ（小売店）」「カートンキ（フェルト製長靴）」「ブーブリキ（厚い輪型パン）」「クバンカ（平たい革製つばなし帽）」「アレクセイ（アレクセイ寺院）」「バイコフ（動物作家、旧帝政軍人）」とある。ボルシチ、ウオトカには、特に注は必要なしと考えたのだろう。「馬家溝」はハルピンの一角の地名で、バイコフの住家があった。菊池寛や大仏《おさらぎ》次郎、富澤有為男《ういお》といった日本の有名作家たちが、この満洲国で一番といっていいほど有名になった動物ものの作家であり、狩猟家、元軍人でもある老ロシア人の家を訪れたのである。

エミグラント作家たち

ニコライ・バイコフについては、拙著『満洲崩壊　「大東亜文学」と作家たち』（一九九七年、文藝春秋社）のなかに「樹海の人」という一章を設けて論じたので、ここでは省略し、彼以外のほとんど取り上げられることのない白系ロシア人文学者について触れてみたい。

昭和文学研究誌『朱夏』創刊号（一九九一年）には、田中益三によって『白系露人作家短篇集』が紹介されている（私は未見）。新京にあった五星書林から一九四三年（康徳十）六月に刊行されている。訳者は北尾一水である。内容は次のとおりである。

エン・ア・バイコフ「老嶺の山々」
コンスタンチン・サブーロフ「ダカール・マカール」
ニカライ・アムルスキー「ウスリー地方の話」
ゲナヂイ・ナウーモフ「金の粒」
ボリス・ユリスキー「ミイロウン・シャバァノフの最期」
エン・ア・バイコフ「神は我等と共に」
アルセエニイ・ネスメーロフ「ニキイツカヤ門」
ア・カルボフスキー「良心」
ファイナ・ヂミツリエフナ「邂逅」

これらの作家のうち、ボリス・ユーリスキイは、『満洲国各民族創作選集』の一巻と二巻にそれぞれ短篇「断崖」（上脇進訳）と「ミロン・シャバノフの最期」（高田憲吉訳）が収録され、アルセニイ・ネスメエロフは、「雪の上の血痕」（上脇進訳）が『選集』一巻に収録されているから、バイコフ以外では、少なくともこの二人を含めた数人が、当時、白系露人作家としてある程度知られていた存在であったといえよう（前出の中村喜和の文章はそれを裏書きしている）。『日満露在満作家短篇選集』には、女流詩人のウィクトリア・ヤンコーフスカヤの「神もなく掟もなし」（上脇進訳）とネスメエロフの「赤毛のレンカ」（上脇進訳）が訳出されている。それ以外として、先に詩を掲げた大野沢緑郎は「エミグラント作家」という短い文章を『北窗《ほくそう》』第二巻第三号（一九四〇年）に書き、そのなかで「東朝（東京朝日新聞――引用者註）は同じくハルビンに居住する作家ウォルコフをバイコフ翁の次に一寸紹介してゐる。ウオルコフはもとソ聯人、二年前越境脱走して来た未だ若年の作家で、ソ聯に於けるコンツラーゲルの生生しい生活記録を題材にしたその著書『太陽は東よりのぼる』は最近のエミグラントのベスト・セラーになつてゐる由である。ウオルコフ之は既に第二部迄ハルビンより出版されて居り、目下第三部を執筆中である。ウオルコフ以外にはアチヤイール・ネスメーロフ及びダニレンコ等の作家がハルビンに住んでゐる。夫等《それら》は追々紹介されることゝならう」として、ウォルコフ、ネスメーロフ、ダニレンコという白系露人作家の名前をあげている（ロシア人名についてはあえて表記を統一せず、それぞれの資料、文献の表記のままとした）。

大野沢緑郎の文章にあるように、白系ロシア人の文学作品は、赤化されたソ連社会の暗黒面を暴露するものや、「古き、良き」帝政ロシアの時代への懐郷、郷愁、追想、そしてエミグラントの生活の不安定さや貧しさ、その悲しみや淋しさを感傷的に綴るといったものが多かった。バイコフのように、動物小説や狩猟小説を書いたのはむしろ例外的で、それだからこそバイコフは、亡命ロシア人のエミグラント文学という範疇を超えて、「白系露人作家の満洲文学」として、日本でも人気を博することになったと思われるのである。

ハルピン派

ボリス・ユーリスキイ

ロシア文学の専門家である中村喜和は、先の「ハルピン派」のアンソロジーのなかでは「私は清澄な味わいをたたえたユーリスキイの短篇にとくに惹かれた」と書いている。そのボリス・ユーリスキイ（一九一〇年、イルクーツク生まれ）の「断崖」という作品は、ゴンチャロフの小説『断崖』がとても好きだという英国人女性マーガレット・チャリゾフナが、騎兵大尉ウォルインスキイと恋仲になるが、ロシアに家庭教師に来ている英国人女性との結婚はロシアの近衛兵としての将来に差し支えるという反対を受け、泣く泣く諦める、やがて男は盲目の廃兵となり、女性は養老院に彼を訪ね、名乗らないまま彼の世話をすることになるという話である。ここには、ゴンチャロフという古いロシア時代の作家のロマンチックな「恋愛」物語についての郷愁があり、また、エリートだった近衛兵が養老院に収容されるという、個人の運命の変転（それは没落ともいえる）がある。「断崖」という作品は、ゴンチャロフの同題の作品を下敷きに、そうした過去への感傷的な追想をテーマとしているのである。「愛と貞節。愛と涙。今まであつたことは、これからずつとあるだらう。音楽のやうに、お伽噺《とぎばなし》のやうに。古い公園の小説のやうに。その公園の断崖にある崩れた亭のほとりには、かつて存在したことのない人々の影が、さまよふてゐるのである」というのが、この作品の終末の文章なのである。

彼のもう一つの作品「ミロン・シャバノフの最期」は、三〇年代に黒竜江を渡って満洲へ移り住みに来たロシアの旧教徒の一人、ミロン・シャバノフという男が匪賊に妻と三人の子供を惨殺され、その後、復讐の鬼と化して匪賊たちを片端から射殺するようになるという、匪賊退治の「英雄」の話である。しかし、彼は軽便鉄道の沿線にできた村でアンナという、夫と離婚したばかりのロシア婦人と出会い、彼女に誘惑されるが、森を離れた「英雄」はただその不格好さを人里で晒すばかりだった。彼女に見捨てられた彼は、酒を覚え、喧嘩をし、大怪我をして病院へ担ぎ込まれる。改心して開拓村へ帰ってきた彼は、旧教徒の決まりに従い、再び村で暮らすことを許されるまで試練を受けなければならなかった。その試練が完了した時、すでに彼の命は失われていたのである。

古い教え（旧教）と、森の中での生活という「自然」を離れたミロンは、その時点ですでに生命を失っていたといっていい。家族への復讐のために匪賊たちの「敵」となり、対匪賊の「英雄」となった彼が没落するのは、一人の女への「愛」のためであり、これを「ロシア的なもの」への深情けと取ることも可能なのかもしれない。すでに失われたもの――ロシア的なもの――を過度に追い求めることの悲喜劇。森林の「英雄」から滑稽な棄てられた男への失墜は、エミグラントの追い求めるべき価値観を表現しているようにも思われるのだ。この作品のなかに出てくる「匪賊」とは、中国人（満洲人）であり、彼らは南下してくる白系ロシア人の侵入を喰い止める武力抗争を行ったのであり、そこでは中国人とロシア人の民族対立が火花を散らしていた。白系ロシア人は、背後の赤化ロシアの追撃と、前面の満洲の森の匪賊たちと、そしてそれを取り囲む、猛獣、厳寒、不毛の土地、さらに植民地支配という二重、三重の苦難に包囲されていたのである。

アルセニイ・ネスメエロフ

「ハルピン派」の文学者の中でもっともよく知られていた詩人のアルセニイ・ネスメエロフ（本名ミツロポリスキー・アルセエニイ・イワノウィッチ。モスクワ生まれ。欧州戦争にロシア軍中尉として参戦した。白軍将校としてボルシェビキ軍と戦い、ウラジオストックを経て、一九二四年、ハルピンに亡命）の短篇小説「雪の上の血痕」は、ウラジオストックの湾内で氷上の鱈《たら》釣りをしていた「元白系将校」の無職の二人組が、ちょうどそこに来合わせた財務監督官（経済警察官）から密漁をとがめられ、はずみでその監督官を氷の穴から海に落として溺死させ、二人はその殺人の痕跡を隠して逃亡するという筋立てである。「白系将校」という烙印を押され、その日の食べ物にも困窮している男たちの生活と、融通の効かない「ソビエト」の官僚主義。これはもちろん「赤化」したロシアに対する批判が込められた作品なのだが、ただ「ソビエト」の官僚体制をストレートに非難しただけのものではない。困窮した生活のなかでのいわば緊急避難としての殺人。犯人の一人は二十数年後にも、こんな感慨を抱いている。「そして、このことが良心に対する私の責任をいかに軽減しようとも、殺された財務監督官が、党員証を持つてゐない種類の人間に対する憎悪から所謂血で血を洗ふ残忍酷薄なソウェート官吏の一人であると、考へる権利は私にないのだ。職務から言つても風貌から言っても、大体我々と同じやうな惨めな、しがない下級官吏であつた」。貧しさの中で、お互いにいがみあい、殺し合わなければならなかった下層の市民たち。革命政権への怨み節だけではない、ロシアの近代文学の伝統にある庶民性、つつましやかな小市民の間に起こる葛藤と流血の事件を、この詩人作家は、印象深い氷原の光景とともに鮮やかに描き出したのである。

この他、日本語に訳出された白系ロシア人の作品としては、満鉄ハルピン図書館で司書として働いていたアンナ・キリロウナ・イワシケウィチの『満洲に育つロシヤ人の子供』(姉川盤根訳、一九四四年、大阪屋号書店)がある。十九世紀末に北満に移住して来たロシア人の社会を、子供たちに焦点をあてて描いた小説仕立ての記録である。

日本人が描いた白系ロシア社会

北満に点在していた白系ロシア人の移民たちによる開拓村については、むしろ日本人の文学者たちのほうが、その実態を報告している。湯浅克衛の『白系露人村』(一九四四年、金星堂)は、旧教徒のロシア人開拓村として知られるロマノフカ村に取材した短篇小説と銘打ったものだが、現状報告の域を出ないレポート的な作品である。藤山一雄の『ロマノフカ村』(一九四二年、満洲移住協会)は、生産、生活、風俗、信仰などをやはりレポートした記録文学だが、湯浅克衛の小説よりもむしろロシア人たちの実際の生活や心情を深くとらえている。

檜山陸郎《りくろう》の『哥薩克（カザック）』（一九四三年、新太陽社）は、コザックの生活を描いたもので、日本人の書いた「満洲文学」のなかでも異色のものだろう。福田新生の『北満のカザック』（一九四一年、刀江書院）は、画家の著者が文章と絵筆によってスケッチしたコザックたちの生活・文化誌である。彼にはもう一冊、『北満のロシヤ人部落』（一九四二年、多摩書房）があり、コロンボ村、ロマノフカ村などを紹介している。満洲の現地小説と銘打った『劉家の人々』（一九四一年、満洲開拓社）を書いた大滝重直は、満洲開拓叢書の一冊として『光と土』（一九四二年、満洲移住協会）という長篇小説を刊行したが、これは三河地方のロシア人農民を主人公としたものである。また、満洲に住むロシア人の母親とその息子たちのことを描いた「ガラ・ブルセンツォワ」（『鶴』一九五三年、みすず書房）を書いた長谷川四郎、その実兄でやはり三河地方のロシア人村落を舞台とした作品（「あるマクシムの手記」「耕地」など）を書いた長谷川濬《しゅん》など、満洲の白系ロシア人、およびその社会、村落に対する日本人文学者たちの関心は高かったのである。

＊ **ニコライ・バイコフ**（小説家、動植物学者）一八七二〜一九五八。キエフ生まれ。士官学校を卒業後、欧州戦争や国内戦争に参加し、歩兵大佐となる。ペテルブルグ学士院の命によって満洲の自

然調査に従事、後、ハルピン博物館創設に参加する。作品は、狩猟、動物、森林の生態、軍隊に関係するものが多く、満洲虎を主人公とする動物小説『偉大なる王』は、日本でも翻訳、刊行され、根強い人気を保っている。その他『牝虎』『樹海に生きる』『ざわめく密林』などの邦訳がある。

満洲国崩壊と流浪の「昭和文学」

「満洲帝国」の落日

崩壊の風景

満洲国の崩壊は、ソ連軍の国境を越えての進撃によって始まった。戦車を先頭としてソ満国境を渡ったソ連軍は、文字通り「北満」を蹂躙《じゅうりん》して、ハルピン、牡丹江《ぼたんこう》、チチハルなど、北満鉄道として権益を持っていた北満地方の各都市を占領し、その「権益」を回復したのである。幻想の「王道楽土」として、「五族協和」という虚構の上に建てられていた「満洲帝国」は、たちまちのうちに瓦解した。最強無敵と豪語していた関東軍は、その実質の兵力を南方戦線に取られ、張り子の虎ほどの威力もなかった。軍の幹部自体が、家族と持てるだけの財産を汽車に乗せ、いち早く南下し、遁走《とんそう》してしまったのである。

壮丁は徴兵に取られ、女子供、年寄りだけで開拓地を守っていた開拓団は、北満の国境に近く、辺鄙《へんぴ》で、交通の便が不便なところであればあるほど、無視され、進撃するソ連軍と、奪い取られた土地や家屋、財産を回復しようとする中国人や朝鮮人たちの敵意のなかに取り残された。作家の宮尾登美子は、その自伝的小説『朱夏』（一九八五年、集英社）のなかで、主人公の綾子がいた開拓村が「暴徒」たちに襲われた日のことを書いている。「バケツに米を入れ、楊柳の籠で汲みあげた泥水で米をとぎ、終って立ち上ったとき、何となくはるかな線路のほうに目をやって綾子は一瞬体が硬直したまま動けなかった。視界を掩っている高粱畑が一部切れているところがあり、その鉄路上の水平線にいま、黒い胡麻粒のような人影が浮んだと思うと、その数はみるみるうちに真黒に膨れ上って来る」と。

ソ連軍の攻撃、中国人の「暴徒」の襲撃は苛烈を極めた。ある開拓村は略奪、炎上し、壊滅した。人々は逃散し、自決し、彷徨《ほうこう》した。そしてその逃避行の途中で多くの子供たち、年寄り、女性、そして病人、赤ん坊、怪我人たちが死んでいった。しかし、日頃、「満洲人」と親しい関係や人間的な付き合いをしていた日本人のなかには、そうした襲撃から庇われたり、危険から逃がしてくれたりしたという経験を語る人も少なくない。もちろん、それは個人の運命的な明暗にしかすぎない。「五族協和」を唱えていた「日本人」は、他の民族が決して「日本民族」に心を許していたわけでも、心服していたわけでも、むろん「協和」し「親和」していたわけでもないことを、改めて知らざるをえなかったのである。

橘 外男《たちばなそとお》（一八九四〜一九五九）という小説家がいた。「ナリン殿下への回想」という作品で第七回の直木賞を受賞した作家だが、満洲とは関係が深く、一九四三年、満映（満洲映画協会）に嘱託として勤務するために渡満するまでに、すでに三回の渡満経験があった。作品としては、「新京・哈爾濱赤毛布」（初出『文藝春秋』一九四〇年四〜六月号。『橘外男ワンダーランド　満州放浪篇』一九九五年、中央書院）、『妖花　ユウゼニカ物語』（一九四九年、名曲堂。中公文庫版、一九八八年、中央公論社）、『神の地は汚された』（一九五六年、河出書房）など、満洲に取材した紀行、長篇小説、短篇集があり、とりわけ最後の『神の地は汚された』は、この特異な作家が書いた満洲国崩壊の日のドキュメントとして興味深いものだ。

そのなかでも「麻袋《マータイ》の行列」は、衝撃的な内容によって一頭地を抜いているといわざるをえない。昭和天皇による降伏、敗戦の詔勅《しょうちょく》の放送があったその夜、新京の城内の伊通《いつう》河《が》で「満人」が暴動を起こし、日本人が六、七十名も殺されたという風聞が伝わって来た。その間接的な目撃者の話というのが書かれているのだが、それはこんな具合だ。

人っ子一人通らぬ、真っ暗な街路を、雨に打たれてビショ濡れになった女が一人、フラフラと歩いて行くのです。硝子戸越しに、ションボリとした街灯の光に、照らし出されているのです。（中略）

血塗れになってるのも道理！　片耳が、スッパリ切り落とされて、ドス黒い血がコビリついて、そこからポトポトと鮮やかな血がまだ滴り落ちているのです。しかも連中が、耳を抛《なげう》って、手首を縛っているのも道理！　左手も右手も、手首から切り落とされて、まったくの手ん棒です。誰が縛ったのか、二の腕に血止めの布が結いつけてありました。その手首からも、ぽとりぽとりと血が、絶え間なく床に垂れて、連中は必死でその布の上に、もう一つ繃帯《ほうたい》で血止めをしているのです。

橘外男の文章や描写の「あくどさ」はこの作品に限ったことではないが、こうした無惨、残虐の場面を描かせたら彼の右に出る者はちょっといないだろう。この血塗れの女は、さらに頭半分を切られて死んだ赤ん坊を負ぶっていたというのである。もちろん、こうした残虐シーンが現実の出来事かどうだったのかと問うことはあまり意味がない。敗戦と同時にさまざまな流言蜚語が飛び交ったことは容易に想像できることだが、それはそれまでの満洲国のスローガン、「王道楽土」と「五族協和」が画に描いた餅であって、それを鼓吹していた日本人自身もほとんど信じていなかったということを無惨に表している。軍官学校の生徒たちが襲撃して、日本人を鏖殺《おうさつ》する。「満人」たちが大暴動を起こして、日本人を何十人も殺している。こうした噂の信憑性は、日本人自身の「民族協和」の理念に対する信頼度に反比例するものであり、ほとんどの日本人はそうした噂をその語られた内容以上に信じたといってよいのである。

「五族協和」の結末

章の最初に述べたように、辺境に近い開拓村の日本人たちは、ハルピン、新京、奉天、大連といった大都市住民よりも、もっと凄まじい民族間の憎悪に晒されたといってよい。女性、老人、幼少年を中心とした開拓団の避難民は、避難途中にも何度も襲撃を受け、殺され、奪われ、暴行され、赤ん坊や幼児、老人を遺棄し、川や湖沼で溺れ、銃撃され、何十キロという道のりを歩き通して、ハルピンや新京にたどり着いたのである。もちろん、そのなかでももっとも運の良い人たちだけが。

さっき神社で見たような栄養失調で手足のムクんだ連中が、何百人となく何千人となく、続々と駅構内から吐き出されて来る。いずれも黙々として、垢に塗れ塵埃で真っ黒な、相変わらず裸体同然の連中ばかり。

着物らしい着物、着物らしい荷物を持ったものなぞただの一人もない。ただ不思議なのは、三人に一人は、どこで手に入れたものか、裸体の上に、石炭を入れる満州特有の、粗製な麻袋を腰に巻いたり、背にはおったりしていることであった。この麻袋を、満州語ではマータイという。まさに異様なる麻袋の行列というべきであろう。

（中略）

蓆《むしろ》で腰部を掩うただけの女……付き添う夫もなければ、子供もなく、ただ一人、憑《つ》かれたように蹌踉《よろ》めいて行く女……この隊にも、また老人もいなければ幼児もいない。無表情な顔に、深い困苦と疲労を漂わせながら、ただ精神一つで蹌踉《よろめき》ながら歩んで行く。十二、三を頭に、骨と皮ばかりに痩せた八、九歳ばかりの子供が二、三人、もはや歩く力もないらしく、腰に縄をつけて大人たちに引っぱられて行く。それを周囲の女や男たちが「頑張れ頑張れ！」と夢見心地にドナリつけながら自分もヨロメイている。眼を背《そむ》けんばかりのムゴタラしさであった。

橘外男の描写は、露悪的であり、偽悪的と称することができるが、その分だけ歯に衣を着せたところはなく、リアルであると思われる。たとえば、普通ならば筆を抑えるような次のような場面でも、彼はそうした斟酌《しんしゃく》なしに書き付ける。「しかもこの女もまた、新京目抜きの大通りを、両股を開いて、婦人の恥部をマル出しに歩いて行く。／何げなくそこへ眼をやった瞬間、呀《あ》っ！　と思わず私は、顔を背けずにはいられなかった。腫れ上がって、さながら熟《は》ぜた石榴《ざくろ》の実であった。なるほど跛を曳き股を開いてガニ脚をして、痛えよう痛えよう！　と泣き喚いている！　も道理、女は呻き苦しんで、歩行の困難を訴えているのである」と。

開拓村の避難民たちが新京にたどりつくまでの間、どんな悲惨に目に遭ってきたのかを、橘外男は、猟奇的な犯罪小説や怪談や秘境小説を書き続けてきた文体で、容赦なく描き出すのである。男たちも女たちも最後の一枚の衣服さえ剝ぎ取られ、ほとんど全裸で白昼の大通りを歩いてゆかなければならない。女性たちは凄まじい強姦、輪姦を受けた傷跡を人目に晒し、もはや人目を憚《はばか》るとか羞恥とかいった感情は見失われてしまっているのだ。そうした光景を見ている側も、「呀《あ》っ！」と息を呑む以外になすすべもありえなかったのである。

「王道楽土」と「五族協和」というスローガンを掲げた満洲国の結果がこれであった。もともと橘外男がそうした満洲国の美辞麗句のスローガンを少しでも信じていたとは思えない。「新京・哈爾濱赤毛布」のなかでも新京の平康里《ピンガンリ》という色街や、ハルピンのロシア人経営の毛皮屋などを冷やかして歩くぐらいが、彼の視察旅行の内容であり、彼はそこで「満語」を少しほんのわずかでも覚えようという気もなく、「満人」とも交際したいとも思わないという在満日本人と出会い、「五族協和」の内実の空虚さを実感するのである。

「大体満州へ来て満語を勉強しようなんて日本人は一人だっていやしませんぜ！　どこへ行ったって日本語で用が足せますよ！　足せなかったら奴らに日本語をどんどん覚えさせるようにするんですよ！」と、娼妓街を案内してくれた日本人は彼にいったのである。植民地に対する宗主国意識丸だしのこの言葉は、「満州へ来」た日本人の一〇〇パーセントではないにしろ、大部分の人間に当てはまりそうだ。彼らは「満人」を自分たちより以下の人間としてしか見ていなかったのであり、そうした蔑視、劣等視が、結果的に彼らの激しい復讐心、報復の気持ちを呼び起こす要因になったといって過言ではないだろう。

「持てる者」と「持たざる者」

衣類の貴重な土地

日本人の避難民が、麻袋しか身につけられない全裸姿になるまで、身ぐるみを剝がされたのは、衣食住の生活必需品が絶対的に少なかった満洲において、衣料品がことに満洲人の貧困層にとって貴重なものであったからだと思われる。満洲国崩壊直後に開拓団を襲った、いわゆる中国人（満洲人）の暴民について、彼らは日本人の居住していた家屋を襲撃し、蒲団、衣料品を中心に略奪していたことを証言している記録や回想が少なくない。また、居住していた日本人に蒲団、衣類を要求し、それに応じた場合は暴行、略奪を働かずに引き上げたという体験を持つ日本人引き揚げ者もいる（筆者の聞き取りによる）。寒冷の地である北満地帯は、防寒のための綿入りの厚い衣類は嗜好品や趣味の問題以前に、凍死しないための文字通り必需品だった。燃料と防寒衣類は、満洲に生きる人間にとってはどんなにたくさんあっても足りないぐらいに思われる貴重なものだったのであり、それはまた最低の生活を送る満洲の農民や苦力《クーリー》たちにとって高価なものであり、安価で丈夫な衣類は絶対的に不足していたのである。

山川精の詩集『哈爾濱難民物語』（一九八七年、サッポロ堂書店）は、ハルピンで難民生活をしていた少年時の体験を詩として書いたものだが、その中の「死者の意地」という詩篇は、ハルピンのソフィスキー寺院の板塀に寄りかかって凍死していた一人の難民のことをうたったものだが、その中にこんな詩句がある。

ただはっきりしていることは、朝を待たずに死体から、破れた衣服が下着一枚残さず剝ぎ取られ、それが明日には、泥棒市場の故買屋の軒先にぶら下っているということだ。

誰が剝ぎ盗るのか？　それは分らない。日本人難民のこともあり、中国人労働者のこともあろう。だがそれがどうだというのだ。市場へ持って行けば、誰かが、いくばくかの金を手にして、一度や二度のめしにありつけるではないか。

だが、こうした現象は難民がハルピンの街に溢れ出した日本の敗戦後のことだけということではない。冬季間（あるいは一年中）に浮浪者や孤児などが路上で凍死していることは北満では珍しいことではなく（中国の各都市でも）、それらの死体は当然のようにボロ着であり、そのボロ着ですら発見者によって剝ぎ取られ全裸死体となっていることも珍しくはないことだったのである。ハルピンの傅家甸《フージャデン》にあった大観園という建物・施設は、阿片《アヘン》吸引所でもあり、売淫窟でもあり、賭博・犯罪の温床でもあるといわれた魔窟だったが、この大観園の前の路上、あるいは裏手には毎日のように死体が転がっていて、それらはすべて身ぐるみ剝がされた全裸死体だったという。彼らは阿片中毒患者や、物盗りにあって殺されたりした人たちで、それらの死体はハルピン市公署の衛生自動車によって集められて「万人坑」と呼ばれる「南崗大有坊市立貧民共同墓地」にある大きな穴にほうりこまれるのである。

二馬先生は足先で器用に大叫驢の死骸を転がし、例のおんなが手におえず残していったボロの寝具と綿襖、つまりわたいれらしきもの、破皮鞋、つまり破れたドタぐつを一くくりにし、大叫驢をまる裸のまま房子の片すみへ例のとおり器用に足で片づけると、床のアンペラもはがしだした。

――このアンペラがよくいって二十銭、ボロ綿が一円、ボロギレも五十銭くらい、寝具がせいぜい一円、破れた綿襖が一円二、三十銭……しめて四、五円、これじゃ千貨舗へ運ぶ手間賃にもならん。

と書いてあるのは、「大観園」と題された短篇小説で、『満洲国警察小史』という著書を持つ加藤豊隆という人の『小説　大観園』（一九七四年、愛媛通信社）という本に収録されたものだ。満洲では、道傍で行き倒れた浮浪者や苦力のボロ着でも商品となった。ボロの綿入れ、ボロ靴、ボロ蒲団、ボロギレ、どんなボロギレでもそれなりの価値を持っていたのは、もちろん綿、絹、皮、化学繊維などの衣料類が絶対的に不足していて、慢性的に需要過多、供給不足となっていたからだ。つまり、満洲国はその国民に衣料品という生活必需品を満足に供給することができなかったのである。それらは高価であり、貴重品だった。ボロギレが市場で売買され、古着屋が軒を並べていたというのも、もともとの要因をたどれば、絶対必要量を満たすだけの生活物資が十分に供給、流通していない満洲国の「貧しさ」にあったのであり、それが難民たちの「麻袋《マータイ》」の姿として象徴的に表されたのである。

『長春五馬路』

木山捷平《しょうへい》はその『長春五馬路《ウーマール》』（一九六八年、筑摩書房）という小説のなかで、敗戦後の新京で、糊口をしのぐために古着の売買を行ったというエピソードを書いている。彼が満洲農地開拓公社の嘱託として満洲に渡ってきて、「満洲文学」に希望を抱いていたらしいことは〈日本人たちの満洲文学〉の章で述べたが、戦争末期に現地で召集を受け、老兵として新京で穴にもぐって、火炎ビンで戦車を破壊するという訓練を受けたりしたが、武器も何もないままに、戦争は終結し、引き揚げまでの間、新京で難民生活を続けなければならなかったのである。『長春五馬路』は『大陸の細道』に続いて書かれた、彼の「満洲体験」ものの長篇小説であり、満洲に渡ってきてからの生活を描いた『大陸の細道』、そして敗戦後の困窮生活を描いたのが『長春五馬路』ということになる。

主人公の木川正介は、日本人の避難民の住居となったホテルで単身生活をしていたが、同じホテルに住む番頭の金山（朝鮮人の金）から古着（ボロ）を卸して貰い、新京という名前から元の長春に戻った町の繁華街、五馬路の路上で露店の「ボロ屋」商売を始めたのである。商品は日本人の家から出たもので、木川正介は、五馬路のボロ屋市場の中での唯一の日本人ボロ屋として、何とか商売を続けてゆくことができたのである。日本人の持っていた古着類、布類のボロは、思いがけないほどよく売れた。西陣織《にしじんおり》の女帯など、在満日本人たちが持っていた豪華な丸帯は、その外側の西陣織よりも、中の帯芯として使っていた厚地の綿布のほうが、買い手の満洲人たちにとっては貴重な品物だった。もちろん、そうした綿布、シーツや帆木綿などは、さまざまな衣類に加工することが可能であり、西陣の絹織物よりも綿布のほうが数等、商品価値が高かったのである。

木川正介は毎日、五馬路に行っては古着の露店を広げる。シャツ、袷《あわせ》、帯、ネクタイ、シーツ、ラッコの毛皮、そして日の丸の旗からゲートルまで、日本人の家庭から出てくる物は何でも扱う。さすがに、ネクタイや旗などは売れ行きは悪いが、その他のものは「布地」として立派な商品となるのである。

「おや、あんた、向こうをもう一度見てごらんなさい。陶のやつがボロ屑を売ったらしいですよ。そら、あそこで三人づれの男が一生懸命、麻袋にボロを詰めこんでいるでしょう。あの三人づれの男は、近郊の農村からボロの買出しにやつて来ているんです。それでわしは前々から不思議でならんのですが、あんなボロ切れを買つて、奴ら一体何にするのでしょうか」

と正介が云うと、

「機械の油でもふくのではないでしょうか」

と女が云った。

「機械の油をねえ。それはいい考えだが、しかし満州の農村にそんなに機械があるでしょうか。自転車の三台や五台はあるかもしれませんけれど……」

ボロ屋の木川正介にもわからないボロ屑の使い道。たぶんそれは再生されて満洲の農民の身を包む衣類となるのだろう。しかし、それは中産階層の日本人にはとうてい「衣類」とは思えず、たんなるボロ屑としか見えなかった。敗残の国民である日本人がその使い道をいぶかしむボロギレ、ボロ屑。それがまだ有用物であるということは、むろんその満洲人の社会の貧しさ、物不足を端的に表している。本来、資源が豊かな満洲だったが、日用衣料の原材料としての綿糸布には恵まれず、衣料品の原材料としての綿織物、毛糸、毛綿交織などの紡織品は輸入金額で常に年間一〇〇〇万円以上（一九二〇年代後半の年平均）であり、ダントツの首位を占めていた。その綿糸布などの輸入の七九％は日本からのものであり、衣料品において、日本人のほうがはるかに恵まれていたといってよいのである。

もちろん衣料品だけでなく、衣食住のすべての生活物資において、日本人と満洲人（中国人）との間には、大きな階級的な差異があったのであり、満洲国が滅びた直後に、塩、酒、砂糖、タバコなどや穀物、油、加工食品などの食糧、衣料、医薬品、時計や靴や毛布やらといった生活物資の大量放出があり、関東軍、満鉄、満洲国の国家機関などに、大量の隠匿物資があったこと、「五族協和」のはずの満洲において、日本人のみが他の民族とは隔絶した豊かな生活を送っていたことが明白になったのである。

五族の不協和

それは在満日本人の中では、もっとも貧しいと考えられていた北満の開拓村においてもそうだったのであり、住居、農機具、家畜、家具、什器、衣類、備蓄食糧など、現住民としての「満農」や朝鮮人農民とは比較にならないほどの「財産」を日本人農民たちは携えてやってきていたのである。満洲人による日本人避難民への略奪は、まさにこうした農民同士の「財産」の高低差から起こるべくして起こった。着の身着のままではなく、身ぐるみ剝がれて日本人開拓民がその入植地から追われたのは、現実的に誰でも体験し、見聞きしていた「五族」間の「持てる者」と「持たざる者」との大きな不平等があり、その格差に対しての怨恨やら嫉妬やら羨望やら不満やらが漲っていたからだと思われる。つまり、ほとんど財産を持たない無産階級の日本人開拓者であっても、まだ満洲人の下層農民、小作農よりは、はるかに「物持ち」であり、有産階級だったのである。

もちろん、「持っている物（財産）」の多寡だけではなく、法律的、制度的、慣習的な特典が日本人にはあり、他の民族にはそれが著しく抑制されていたという不平等、不公平な現実もあった。治外法権の撤廃や、二重国籍的な立場の解消など、日本人のみを有利とする「五族協和」の理念に反する制度やシステムの改善が、確かに「満洲国」の国家においては検討され、実行に移されていたこともあるが、実質的な複合民族国家の中での民族的平等、そして「五族」の間での「協和」は、所詮、画に描いた餅といわざるをえなかった。橘外男の見た「麻袋《マータイ》の行列」は、まさにそうした「五族の不協和」がもたらした、悲惨で、不幸な象徴にほかならなかったのである。

戦後文学の原風景

流浪からの出発

戦後の「昭和文学」は、流浪から始まった。満州国において「満洲文学」を創造しようとした『満洲浪曼』や『作文』に集まった人々は、ある者は戦死し、ある者はシベリア送りとなり、ある者は苦難と苦痛の旅の末に帰国することができた。北村謙次郎の『北辺慕情記』（一九六〇年、大学書房）、山田清三郎の『転向記』（一九五七〜五八年、理論社）、木山捷平《しょうへい》の『大陸の細道』『長春五馬路』、八木義徳の『遠い地平』（一九八三年、新潮社）、榛葉《しんば》英治の『八十年　現身《うつしみ》の記』（一九九三年、新潮社）、秋原勝二の『作品集　故郷喪失』（全五巻、一九八三〜八五年、作文社）などは、満洲国に居住し、そこで文学活動を行おうとした日本人作家たちの回想記、あるいは回想的な私小説である。文学者に限らず、満洲体験、そこからの引き揚げ経験を本にしたケースは夥《おびただ》しくあり、それらの多くは自費出版、私家版として少部数だけ刊行されたものであり、植民地体験の記録として今のうちに蒐集し、専門的な図書館、記念館を造って収蔵しなければ、いずれ散逸し、湮滅《いんめつ》してしまう危険性を孕んでいる。

〈少年少女たちの満洲〉の章でも取り上げたが、三木卓《たく》や赤木由子《よしこ》のように、幼少年時代あるいは青年時代を満洲で過ごし、そこでの原風景を自らの文学の基層に置いているとと考えられる戦後の文学者も少なくない。『けものたちは故郷をめざす』の安部公房を始めとして、『アカシヤの大連』の清岡卓行、『瀋陽の月』の水上勉、『さらば満州』の石沢英太郎などがそうであり、特にそうした「満洲」をテーマとした作品は書いていないにしろ、満洲生まれ、満洲育ちの痕跡をどこかに引きずっている文学者たちは多いのである。小説家の遠藤周作、五味川純平、宮内勝典《かつすけ》、詩人の天沢退二郎、財部鳥子《たからべ》、坂井信夫、劇作家の別役実など。彼らが戦後の日本の文学に与えた影響は、その故郷喪失感の強い無国籍性、自然や天然の潤いの欠けた機械的な人工性、そしてエトランゼとしての流浪性といったものとして色濃く出ているように思われる。

同床異夢としての満洲文学

それは一瞬にして「国」を失った体験であり、それまでの支配者が被支配者に、優越していた階層、民族が一転して虐げられ、酷薄に取り扱われる抑圧された階層、民族へと転落していった経験を「原風景」としたものである。そうした「原風景」を作品世界のなかでどのように表出するかは、むろんその文学者の資質や方法論に拠るものだが、そこにやはり共通する何物かがあるように感じられる。それは国家や民族、共同体や地域社会のような人間関係の輪といったものを、最終的には信じられないという「個人性」にあるといえるのかもしれない。個人、個我、孤立、孤独が彼らの「徳目」であって、「王道楽土」や「五族協和」を裏返したスローガンが、まさに個人性と反民族性を強調したコスモポリタンの主張であり、それは非・国民（非国民）というカテゴリーを打ち出してゆくものであるのだ。

「満洲国」以後の文学とは、日本においてそうした国民国家、民族国家の下に統御され、国語、民族語の強固な軛《くびき》によって規定されるような「文学」から切り離されたところから始まるものなのである。その意味では、それは民族を裏切る文学であり、「漢奸」文学、反民族的な文学として光復（解放）後の中国や朝鮮で糾弾され、弾劾された文学との類縁性を必ずしも否定しない。たとえば、この本で古丁《こてい》や山丁《さんてい》、金東仁《キムドンイン》や張赫宙《チャンヒョクチュ》などの作品を組上に載せたのも、そうした非民族、非国民の文学の可能性が、それらの「満洲文学」のなかにわずかでもあったのではないかと考えられたからである。それは「五族協和」を謳歌し、賛美した日系の「満洲国人」たちの文学よりも、その苦渋や苦悩の分だけ、文学作品としての「深さ」をもっていたといってよいのである。

「満洲文学」が体現したのは、満洲に住む各民族の各文学作品が、それぞれの民族のそれぞれの苦難を持つということであり、それは簡単には「協和」することなどできないという現実だった。同床異夢としての「満洲文学」。「五族協和」の夢と現実、そして光と影とは、それらの作品の一つ一つに射し込み、複雑な綾目模様を織り込んでいる。私のこの本は、その色見本帖のようなものにしかすぎない。

参考文献（引用文献として本文中に註記したものを除く）

尾崎秀樹『近代文学の傷痕　旧植民地文学論』一九九一年、岩波書店。

日本社会文学会編『近代日本と「偽満洲国」』一九九四年、不二出版。

山田敬三・呂元明編『十五年戦争と文学』一九九一年、東方書店。

川村湊『異郷の昭和文学』一九九〇年、岩波書店。

山室信一『キメラ　満洲国の肖像』一九九三年、中央公論社。

杉野要吉編集『「昭和」文学史における「満洲」の問題』第一～第三、早稲田大学教育学部杉野要吉研究室。

岡田英樹「『満洲国』文芸の諸相」（山本有造編『「満洲国」の研究』一九九五年、緑蔭書房）。

村田裕子「『満洲国』文学の一側面」（山本有造編『「満洲国」の研究』）。

李春燕編『東北淪陥時期作家　古丁作品選』一九九五年、春風文芸出版社。

満洲国史編纂刊行委員会編『満洲国史』（総論・各論、全二巻）一九七〇～七一年、満蒙同胞援護会。

『満洲文藝年鑑』第一～第三輯・復刻版、一九九三年、葦書房。

西原和海「満洲文学研究の問題点」（『昭和文学研究　第二十五集　特集・昭和文学とアジア』一九九二年、昭和文学会）。

田中益三「旧『満洲国』の朝鮮人作家について」（『昭和文学研究　第二十五集』）。

田中益三「満洲と文学」一〜八（『法政大学大学院紀要』第一九〜二七号、一九八八〜九一年、法政大学大学院）。

趙成日・権哲編『中国朝鮮族文学史』一九九〇年、延辺人民出版社。

武藤富男『私と満洲国』一九八八年、文藝春秋。

川崎賢子『彼等の昭和』一九九四年、白水社。

あとがき

「歴史文化ライブラリー」の一冊として、『文学から見る「満洲」』というのはいかがでしょうかという話が吉川弘文館の編集者から来た時、私は二つの懸念を持った。一つは、私が書くような本が「歴史」というカテゴリーに入るかどうかということであり、もう一つは、私はすでに『異郷の昭和文学』（岩波新書）という本で、「満洲文学」について概観的に書いている。それ以後、ある程度、新しい材料や資料は蓄積したが、それは概論に対しての各論になるべきものであり、もう一冊、概説書的なものを書くことにためらいがあったからだ。

一つ目の懸念については、「歴史文化ライブラリー」が狭義の「歴史学」という枠をむしろはずすことを目標としており、文化史、社会史といった領野の拡大を目指しているということであって、「文学」を素材に「満洲」というトポスについて語ることは、むしろこの「ライブラリー」にぴったりの企画なのだと説得されて、なるほどと思った。枚数と形式さえ規格を守れば、内容や文章については自由に発想してよいというのも、私の踏切りを容易にした条件だった。

もう一つの懸念、前著との重複ということについては、前の本がもっぱら日本人の書いた「満洲文学」に限定していたのに対し、今度は「満洲人（中国人）」「在満朝鮮人」「白系ロシア人」の文学を概観すること、日本人のものでも、児童文学や、現地での同人雑誌などで活動した人たちの作品を中心とすることで、前著との差違化を図ることは可能だろうという結論を得たのである。ただし、私は朝鮮語の文献は辞書を引き引き何とか解読できるが、中国語はほんの少し、ロシア語はまったくできない。勢い、テキストは「満洲国」時代に日本語に翻訳されたものが中心となるが、そのことで視点の偏りが生ずるのではないかということだ。

このことは結局、解決がつかなかったが、「五族協和」を謳っていた「満洲国」において、ほとんどこれらの各民族の文学が、同床異夢的な関わりのうちにあり、ごく一部のものが日本語に訳されて紹介されたという歴史的事実を伝えるということで、私のような方法でもいくらかの意味はあるのではと思ったのだ。「満系」の「満洲文学」については岡田英樹氏や田村裕子氏の、「朝鮮系」については呉養鎬《オヤシホ》氏や蔡壎《チエフン》氏の、「日系」については西原和海氏、川崎賢子氏、田中益三氏、黒川創氏などの研究論文や著書がそれぞれあるが、簡単な形でもそれらの各民族（五族！）の文学作品を横断的に見たものはない。そういう意味で、私のこの本も、それなりの存在意義があるかもしれない。それがこの本をまとめた私のモチーフである。

「満洲」や「満洲国」に関する歴史学的、政治学的、経済学的、社会学的研究は近年とみに発展している。だが、文化研究、文学研究については、いくらかの基本的資料の復刻が目立つ程度ではかばかしく進展しているとはいえない。そうした研究の手薄さを少しでも補い、しかも文芸批評としても成立するような本を目指したが、その成否は読者の皆様の判断に委ねたい。

「満洲国」「満人」「満系」それに、「新京」「奉天」など現在では不適切とされる言葉（固有名詞）をこの書のなかではあえて使わなければならなかったが、それは「歴史」的文脈のなかで止むをえないと判断したものであり、差別的な意図を持ったものではないことをお断りしておかなければならない。

私の「満洲」関連の本としては、『異郷の昭和文学——「満洲」と近代日本——』（一九九〇年、岩波新書）、『満洲崩壊――「大東亜文学」と作家たち――』（一九九七年、文藝春秋）、『満洲鉄道まぼろし旅行』（一九九八年、ネスコ）に続いて、この本は四冊目である。若干の重複はあると思うが、それぞれテーマやコンセプトやスタイルを異にしており、互いに相補うものとなっている。参照していただければ幸いである。

最後に、本文中で引用したり、参照させていただいた先学諸氏の皆様に、事後となってしまったが、お断りと感謝の言葉を述べさせていただきたい。多謝。

川村　湊

一九九八年十月

著者紹介
一九五一年、北海道に生まれる
一九七四年、法政大学法学部政治学科卒業
現在法政大学教授
主要著書
異郷の昭和文学　海を渡った日本語　戦後文学を問う　満洲崩壊　戦後批評論

歴史文化ライブラリー
58

文学から見る「満洲」
「五族協和」の夢と現実

一九九八年一二月一日　第一刷発行

著　者　川《かわ》村《むら》湊《みなと》

発行者　吉川圭三

発行所　株式会社 吉川弘文館
東京都文京区本郷七丁目二番八号
郵便番号一一三—〇〇三三
電話〇三—三八一三—九一五一〈代表〉
振替口座〇〇一〇〇—五—二四四

印刷＝平文社　製本＝ナショナル製本
装幀＝山崎　登（日本デザインセンター）

歴史文化ライブラリー

1996.10

刊行のことば

現今の日本および国際社会は、さまざまな面で大変動の時代を迎えておりますが、近づきつつある二十一世紀は人類史の到達点として、物質的な繁栄のみならず文化や自然・社会環境を謳歌できる平和な社会でなければなりません。しかしながら高度成長・技術革新にともなう急激な変貌は「自己本位な刹那主義」の風潮を生みだし、先人が築いてきた歴史や文化に学ぶ余裕もなく、いまだ明るい人類の将来が展望できていないようにも見えます。

このような状況を踏まえ、よりよい二十一世紀社会を築くために、人類誕生から現在に至る「人類の遺産・教訓」としてのあらゆる分野の歴史と文化を「歴史文化ライブラリー」として刊行することといたしました。

小社は、安政四年(一八五七)の創業以来、一貫して歴史学を中心とした専門出版社として書籍を刊行しつづけてまいりました。その経験を生かし、学問成果にもとづいた本叢書を刊行し社会的要請に応えて行きたいと考えております。

現代は、マスメディアが発達した高度情報化社会といわれますが、私どもはあくまでも活字を主体とした出版こそ、ものの本質を考える基礎と信じ、本叢書をとおして社会に訴えてまいりたいと思います。これから生まれでる一冊一冊が、それぞれの読者を知的冒険の旅へと誘い、希望に満ちた人類の未来を構築する糧となれば幸いです。

吉川弘文館

〈オンデマンド版〉
文学から見る「満洲」
「五族協和」の夢と現実

On Demand
歴史文化ライブラリー
58

2017年（平成29）10月1日　発行

著　者　川《かわ》村《むら》　湊《みなと》
発行者　吉川道郎
発行所　株式会社　吉川弘文館
〒113-0033　東京都文京区本郷7丁目2番8号
TEL　03-3813-9151〈代表〉
URL　http://www.yoshikawa-k.co.jp/

印刷・製本　大日本印刷株式会社
装　幀　清水良洋・宮崎萌美

川村　湊（1951～）

ISBN978-4-642-75458-3